處理自己的否定句

靈媒媽媽的心靈解答書 3

Ruowen Huang
著

Chapter 1

在這個當下，好好生活

Chapter 2

身為一個靈媒

Chapter 3

輪迴課程和無止盡的比較

Chapter 4

處理自己的否定句

寫在之前

靈媒媽媽的心靈解答書來到第三集了，雖然裡頭的文章是我四、五年前做的直播，但再重新編寫的時候，有特別多的感觸想要與大家分享，所以我想藉由這個機會對大家做個小小的告白。

感謝親愛又美麗的楊淑媚主編把這些直播全轉成文字檔，讓我可以親眼見證到自己的語無倫次，也真心地體會到這些年來一直支持我的網友們原來全都是真愛，竟然可以忍受我像跳針般，不斷重複著同樣的句子，以及有時候腦子會斷線的邏輯敍述。

寫書與講話果然是完全不同的兩件事，雖然直播內容已經全部被打成文字檔，但還是要全部重新編寫，才能更好讀懂。這幾年來我自認為成長很多，思緒也更有邏輯，原以為我會完全打翻以前的言論與思想觀念，但所幸基礎的信念還是一樣的，看直播文字時，我還不至於白眼翻到後腦勺地笑罵自己的不知所云。為了要與當時的直播內容相符，所以本書文章在整理時，還是會盡可能地不離題。

以前我總覺得自己同樣的話好像說過很多遍，為什麼還是有人聽不懂？但在整理本書文章的過程當中，我終於清楚地知道為什麼大家沒有辦法聽到重點，原來要從跳針的唱盤裡聽到重點是真的需要一點功夫。這也讓我更堅信那些平常一點就通的人鐵定是有練過的，重點的確是需要靠清楚的口條來表達的 XD（真心希望五年後的我改善許多^^|||）。這本書裡的文章對於現在的我來說已是沒有什麼好分享的常識，但是我很慶幸自己在

當時有透過直播把它們記錄下來，要不然現在的我一定是一副「有什麼好說的？」的模樣在對待同樣的話題。

在編寫的過程中，我看到這些年我從來沒有改變過的初心，也真心希望每一個閱讀我的書，或是收看我直播的人都可以知道——**你們每一個人都是獨特的，我真心地希望透過自己的分享可以幫助各位找到屬於自己的位置，進而可以讓你們創造出你們想要的生活**。

有一天我的子女們也會踏上與你們相同的道路，他們也會感到迷惘與不知所措，但我希望他們知道自己永遠不會是一個人。現在的我很感謝四、五年前願意把這一切記錄下來的我，當初要不是因為你們一路走來的支持，我應該也老早就放棄了吧！

最後，我真心地感謝大家的陪伴，也謝謝大家這些年來一直確保我遵循著自己的初心做下去。雖然不知道自己究竟還可以分享多久，但真心希望未來我們可以一起成長喔。

Chapter 1

在這個當下，好好生活

當悲劇發生的時候

對應頻道第 106 集

每當社會上有重大的災難事件發生時，就會有很多人來問我為什麼會發生這樣的事情？例如大地震、海嘯、法國街頭槍擊案、八仙塵爆、小燈泡事件……等等，人們往往不知道這些事情發生的目的究竟是什麼。

我不想要針對任何一個事件特別說明，但想要單就「悲劇為什麼會發生」來與各位分享個人的理解。其實在多年前，面對這樣的事情的時候，我也跟大家一樣不能理解。除了心痛之外，也會跟著指責，並自以為是地覺得如何改變可以讓結果更好，那個時候也因為這樣的信念而與靈魂導師爭辯過幾次。在我無法理解這些事情發生的意義究竟是為什麼的情況下，我的靈魂導師要我思考：每個靈魂在還沒有投胎以前，就已經知道自己的人生鋪陳以及結果會是如何。也就是說，即便是希特勒，他也是在投胎之前就知道自己會殺那麼多人，而那些被殺的人也是在還沒投胎之前就已經知道自己會被殺。坦白說，這樣的解釋對於一個習慣用正常邏輯思考的人來說，是很難理解與消化的。我不能理解為什麼有人會選擇活了一生就是要讓人謀殺，也不能理解為什麼會選擇成為無法為自己創造任何未來的犧牲者？而我的高等靈魂當時給我的解釋是：當悲劇的規模愈大時，它所能夠造成的影響力也就愈大。

祂說：在現在的社會模式裡，人們很容易被物質影響而忘了真正重要的東西。就像我們會投資很多時間在賺錢上，因為我們覺得金錢可以帶來快樂。但卻忘了花點時間去陪伴我們的家人與小孩。我們把時間浪費在去思考自己要開什麼車、住什麼房、交什麼朋友，卻不知道自己要成為什麼樣的人。我雖然了解祂要說什麼，但不能理解為什麼要透過這種悲劇來傳達這樣的訊息。於是祂又問我：當這樣的事情發生時，你第一個想到的是什麼？

我說自己第一個想到的是我的小孩與家人還平安健康，我也慶幸自己還算身心健全，可以與人分享。於是祂說，這才是人們應該去重視的東西。藉由這樣的事件，讓我們了解自己為什麼要投胎成人，以及想要學習的究竟是什麼。而不是一味地追逐著物質所帶來的快感，忘了靈魂的本質。

你們應該很快地會發現：人生永遠都是有選擇的。當悲劇發生的時候，我們也是同樣有選擇的。我的靈魂導師說悲劇的發生是為了提醒人們「人性」的重要，因為那會讓我們知道追求物質是沒有意義的。對於那些嘔氣的家人、忽視的小孩、理所當然的另一半等等，當事件發生的時候，我們是否願意放下心中所有的固執，真心地思考什麼才是真正重要的。你可能會因此願意放下心中的疙瘩，多給對方一點時間與耐心，又或者是給他們一個擁抱，與他們重新建立良好的關係。

這世界上有很多的天使願意犧牲自己來提醒我們人性的重要。所以當這樣的事情發生時，能夠回頭多花一點時間與自己珍愛的人相處才是最重要的。而不一樣的事件大小所觸及到的人群／人種也自然會有所不同。所以每一次悲劇發生時，回頭思考靈魂投胎的目的究竟是為了什麼，有哪些是我們可以學習的功課，以及如何成為更好的人，那才是更好的方法，而不是讓自己不可自拔地陷入悲傷的黑洞。

在宇宙下，凡事都有正反兩面，被我們人類認定的壞事，並不代表沒有好的影響。透過受害者的犧牲，我們得以去反省對自己來說這世界上重要的東西是什麼。而透過加害者，我們可以去審思自己的黑暗面又是什麼。並不是每一件悲劇的發生都能得到人們的反省，有些時候會引出人們的黑暗面，例如一味地指責、批評與攻擊他人，那也是人們可以去反省以及思考的黑暗面。我們的黑暗面會習慣性把自己憤怒的情緒轉移到別人身上，透過指責批判來得到發洩，而忘了同理。

雖然悲劇發生的時候，它所觸動的絕對不會只有光明面，也同時存在著黑暗面，但人生永遠都是充滿選擇的。當事件發生的時候，你選擇以哪一種面向去面對這樣的事情，這就是一種學習的過程。

在此跟大家分享一個不太相關的話題：我有一個朋友因為宗教的關係，堅信任何擁有靈媒體質的人都是惡魔的化身。早期的時候，為了想要證明他是錯的，我會因為他這樣的信念而與他爭執，也會因為他而讓我自己生悶氣，更是不知道要如何與他討論任何靈性話題。直到諮詢多年後，他在一次偶然的機會下再次詢問我是否還有靈媒的能力。當我笑著說「還有」，他再次試著告訴我：「那些影像都不是真的。全都是惡魔為了操控你才呈現在你的面前。」我笑了一下，突然意識到自己的心境在二十幾年來成長了許多，我回答他：「那能夠跟惡魔做朋友的你，鐵定是很了不起的。」這麼多年來我學會了一件事，唯有對任何事產生特別強烈的看法，一心想要說服他人信服自己時，才會讓惡魔有趁虛而入操控恐懼的空間。朋友愣了一會兒後不再說話，我也在當下意識到原來我可以選擇自己的情緒。

與大家分享這個小故事，是想讓大家知道即便悲劇發生，你也是有選擇的。你可以選擇找回你的人性，回頭去珍惜那些對你來說重要的人／事

／物，改善自己讓這些事情不會再被遺忘，又或者是支援著你的黑暗面，去討伐、批判、指責別人以證明自己是對的。但不管結果如何，這都是悲劇之所以發生所要帶給人們的啟發與用意。

好人與壞人

對應頻道第 107 集

今天藉由這篇文章來回答一位網友的問題，他說道：**從小父母就教育我們要對人存有善念，好人有好報之類的話。但每每只要看到孩童或是好人被殺害／意外死亡的事件，他總會不停地問上天「為什麼壞人總是傷害好人，卻沒有得到任何的懲罰？」老天讓每個孩子降臨到這個世界上，又**

為什麼不能讓他們好好終老，走完這一生呢？

我覺得這是一個需要從很多層面來回答的問題。我之前曾提到，為了創造出每個靈魂獨有的人生功課，我們會透過環境背景創造出個人主觀觀念，好壞對錯都有自己的觀點。所以即便我分享得再有道理，也不一定適用於每一個人。人們一定要親身試驗過了，才會知道那樣的論點究竟合不合用，因為我們的主觀看法會直接影響我們看待生活所有事情的角度，以及處理事情的態度。

而這種個人主觀意見的產生，主要是為了每個靈魂的功課、藍圖以及目的所客製的。為了達到靈魂想要的目的，每個靈魂在投胎後所創造出來的個人觀感，會確保自己的未來能朝著靈魂想要進化的方向前進，這也是為什麼它們不一定適用於其他人的主要原因。所以當大家覺得我是個好人的同時，我在婆婆（或某些人）眼裡就是十足的壞蛋，我甚至有個朋友覺得靈媒就是惡魔的化身。

當然，我不是在替任何人說話，也不是要告訴大家這世界上所有十惡不赦之人都有可能是好人。只是希望大家可以跳脫人的思考模式，以靈魂的角度去觀察這樣的事。因為個人主觀意識的關係，我們無法斷定靈魂層面的好壞。在人類的規範裡，殺人是錯誤的，當這樣的事情發生，可以透過法律來懲罰他們，但在靈魂的層面，我們卻沒有審判他們的權力。可這並不表示他們不會受到任何的懲罰，這只是代表他們被審判的時機還沒有到。又或是人們渴望這些人得到身體上的懲罰，但是他們所得到的卻是身心靈上更深的煎熬。無論如何，當一個靈魂失去尊重的根本定律，就一定會受到審判，只是時間與方式不同罷了。

此外，雖然父母總是教育我們要心存善念好心有好報，但所謂的「好心」又是什麼？我們的很多行為都取決於我們的動機。如果單純為了想要得到別人的愛戴而做慈善公益的話，這樣的動機稱得上是好心嗎？若是發自真心想要幫助他人，就算沒有做慈善而僅是給了快脫水的人一杯水，那他也絕對會得到他的回報。你片面看見的好並不能真正決定那個人的好。我們不能用個人的主觀意識來決定靈魂應該得到什麼樣的懲罰與獎賞。宇宙底下的定律是：你投射出什麼樣的動機就會得到什麼樣的回報。但是這個回報的方式卻不是由人類來判定的。同樣的原理也適用在壞人身上，蓄意／惡意傷害他人的動機，一定也會得到相同的果報。說了這麼多，我的用意在於說明人們透過個人主觀意識所判斷出來的好與壞，並不能真實地評斷靈魂的好與壞，更不用說有很多的互動都是決定在輪迴因果之上的。

在我多年的諮詢經驗中，見過無數的受害者在前世都是扮演著加害者的角色。若是沒有因果的糾纏，那麼這輩子不管加害者再怎麼想要傷害當事人，也傷害不到他。相信大家對於這個概念略有耳聞。所以你們在這輩子認為沒有受到懲處的壞人，並不表示他下一輩子也可以這麼安然渡過。往好的方面想，我說過因果的振動頻率隨著我們進入覺知的世代會開始逐漸加快，原本我們所知道的來世報已大多轉換成現世報，所以根本不需要我們去擔心什麼人會不會得到什麼報應。

因此，各位如果了解宇宙運行的方式就會知道，我們不是神，自然不能決定任何人應該得到什麼樣的報應。但我們需要相信的是，宇宙底下自有它審判的標準，不管我們人類的思考邏輯覺得它公不公平。人死後要進入白光以前，自然會受到自己的審判。好人在這一段過程裡面只會看到光，或是光所反射出來的天使與親人，而無惡不作的人卻必須坦然地去面對內心最深層的罪惡感、愧疚感與恐懼，體驗被他們傷害的受害者感受。所以只要是他為人的時候有曾經蓄意／惡意傷害過他人的人身自由，那麼在經過這個空間時，他們自然會成為自己手下的受害者。如果了解這個道理的話，那麼好人有沒有得到獎賞，壞人有沒有得到懲罰就交由宇宙來決定吧！我可以很肯定的是，他們一定都會得到他們應有的報應。我們所要做的，就是確保自己不會去做任何蓄意／惡意傷害人的事就好了。

至於老天為什麼不能承諾讓人們好好地走完一生？如上所說，這還是建立在個人主觀觀念裡，在你的觀念裡，覺得能夠終老就是最好的，但在有些人眼裡，短暫卻精彩的一生才是最好的。同樣的，你的好是自己快樂幸福就好，但有些人的好，是可以透過短暫的生命來激發他人對生命的熱情。每個靈魂都有自己的功課，靈魂的進化就像是在研讀大學，修夠了學分才可以畢業一樣。有些時候靈魂投胎只是為了一個短暫的學分，也因此而安排了一趟短暫的旅程。不管他們是為了什麼而安排那樣子的人生，但必然有最適合他們的道理存在。理解、諒解會遠遠好過批判以及無法諒解。

此外，如果曾經無意傷害過人，事後反省也找到當事人道歉的狀況，

是否還會受到因果的制裁？其實如果可以在生前了結所有的事就已經是終結因果最好的方法了。功課最好是活著時候來做，而不是等到死後才來後悔自己該做什麼。無論經歷了什麼樣的困境，盡量在活著時從中得到領悟與學習絕對是最好的方法。所以如果你對這一件往事已經有圓滿平靜的感覺，那麼就不用擔心自己會得到什麼果報，因為因果已經在你選擇做點什麼的時候終結了。如果沒有那樣的感覺，那就想想自己可以做點什麼事，才不會讓自己的靈魂有任何遺憾。

直覺與本能的不同

對應頻道第 113 集

我很常被人問到英文的 Instinct 與 Gut Feeling 有什麼不同。由於人們很容易對 Gut Feeling 以及 Instinct 的感覺以及用法產生混淆，所以希望藉由這篇文章來讓各位區分兩者的差異。

其實無論是 Gut feeling 或者是 Instinct 在中文裡面都被翻譯成「直

覺」，如果單就中文字義很難做解釋，因此我從英文的角度來分辨。Gut的中文是「膽識、膽量」的意思。用英文問人有沒有膽量，可以說「Do you have gut?」所以 Gut Feeling 從字面翻譯來看就等同於「膽所產生出來的感覺」。這種感覺大多由丹田附近升上來，雖然中文被翻譯成「直覺」，但一般人在正常的情況下大多不會有這樣的感覺。這種由丹田而上的感覺可以被歸類為本能反應，往往是人們面臨生死關頭或是有危險的時候，身體不經過大腦而直接做出來的反應。所以就我個人來看，我覺得把這個字翻譯為「本能」會遠比「直覺」更適合。雖然大部份的時候，「膽」也是一種感覺，但這種感覺多半連繫著靈魂對某種冒險情況所產生的危機意識感，抑或是這個事件可能會對個體造成創傷／傷害時，那麼你的 Gut Feeling 很有可能在事件還沒有發生前就產出一種感覺，雖然與「直覺」很雷同，卻多半不需要經過大腦。

舉例來說，當一隻老鼠要去一個很可能有貓要等著吃牠的地方時，那麼牠很可能會有 Gut Feeling 覺得自己不應該去那個地方。雖然人類也有這樣的本能反應，但我們往往習慣先去詢問身旁的人是否也有同樣的感覺，再來評估自己的感覺正不正確。由於這樣的感覺是為了保護個體本身，所以在很多的情況下，你所產生的感覺很可能完全不適用在別人身上。就像是如果怕被貓吃掉的老鼠去問狗有沒有同樣的感覺，狗可能一點感覺都沒有。

所以從我的個人觀感來看，我覺得 Gut feeling 其實是與你的生存本能緊緊相連的。由於是靈魂想要保護身體的本能反應，所以雖然它的感覺像直覺一樣，但多半不需要經由大腦的訊號來產生，並且這種感覺由膽所在的位置升上來，如果稍加注意的話，還是可以分辨其中的差別。

至於 Instinct，中文也翻譯為「直覺」。這種感覺大多跟個體生命安全沒有直接的關係，而是與你的靈魂、生命鋪陳，你的靈魂對生命的了解與認知有比較緊密的關聯。由於 Instinct 緊連著你的靈魂所知道的資訊，所以它所接收到的訊息大多與靈魂的功課／平台／藍圖有比較直接的關係。但由於這樣的感覺是由靈魂發送訊息，而靈魂所在的位置又與我們的大腦相連，以致於我們所感受到的直覺很常受到邏輯思維影響。因為我們習慣用邏輯來合理化我們的感官，導致即便我們有任何的直覺，我們的理智也會很快地試著說服它，甚至是將它轉變成我們的邏輯可以理解的解釋。然而，直覺是建立在靈魂的基礎之上，所以它並不完全是邏輯可以解釋與合理化的。這就像是你見到一個素未謀面的人，你的第一個感覺就是討厭他，但你卻沒有辦法解釋自己為什麼討厭他。通常在這樣的情況下，你會先問問身旁的人是否也有相同的感覺，然後再透過觀察他來解釋自己為什麼討厭他，又或者會說服自己拋下成見去喜歡他，這些結果都是直覺受到邏輯影響所演變出來的反應。由於這樣的訊息是由靈魂發射出來的，這也是為什麼 Instinct 的感覺多半是由腦部的方向傳遞而來。它與你的肉體安全沒有直接的關係，但卻與你的靈魂的鋪陳、安排、設定緊緊相連，只不過很容易受到理智左右。

直覺的反應取決於靈魂的設定，而這個設定很可能是在你投胎以前就已經知道的。例如什麼樣的人事物會影響你的生命藍圖，成為功課的考驗，抑或是對你的靈魂進化產生威脅的，這些都很可能讓你的直覺發出警訊，使得你對眼前的人事物產生警戒心。但如上所述，直覺雖然是建立在靈魂的鋪陳之上，但卻很容易受到大腦思維影響。大多數的人雖然在一開始就有直覺反應，但在受到教育、文化、知識背景的影響之下，便會過度解讀所接收到的訊息。我們會不斷地尋找認同來印證我們的直覺，藉此來判斷我們的直覺是否正確。就如同我之前所舉的例子一樣，一隻會對老鼠產生威脅的貓，不會對狗或獅子產生任何的威脅。所以拿著同樣的直覺感去詢問不同人的意見，並不一定會得到相同的答案。因此**直覺應該是建立在靈魂對自我的認識以及了解，而不應該被他人的觀感或是個人的邏輯推斷所說服。**

總結來說，Gut Feeling 與 Instinct 雖然都被翻譯為「直覺」，但就我的個人認知來看卻是非常不同的。Gut Feeling 與你個體的自身安全有很大的關係。基於身體有自我保護的本能反應，所以這個感覺不一定會經過大腦，而是很直覺式地反應與感覺。而 Instinct 則是與你靈魂的鋪陳、設定、認知有較為密切的關係。這個感覺多半會從大腦處發送訊息，但也很容易受到理智邏輯左右。直覺的產生通常只有三到五秒鐘的時間，而之後在你的腦子裡盤旋的，多半是你的邏輯想要將它合理化的過程。如果我們可以學會捉住直覺發生的短暫瞬間，那麼你的感官肌肉也會在日積月累之下變得愈來愈強健，自然也就能夠在未來輕易地區分出直覺以及邏輯的差異性，而不會過度對那樣的感覺做出註解，或是推翻它給你的感覺。如果把一開始的直覺當作參考，並多一點觀察以及小心行事的話，那你更能夠依照之後所得到的印證去判斷自己直覺的準確度以及相關性，而不是總是習慣性地去尋求他人的認同以及認證，來決定自己的直覺是否正確。

Gut Feeling 出現的機會不多，通常出現在自己有想要「放手一博」的冒險念頭，或是面臨與自身安全相關的情況底下。Instinct 雖然很常出現，但是它出現的時間非常的短暫，而且很容易被邏輯觀念動搖。但無論是哪個感覺，其實都是建立在想要保護或是幫助自身靈魂成長的基礎上。所以如果你的 Gut Feeling 與 Instinct 產生相同感覺的時候，或許你應該認真的思考它們所要傳遞給你的訊息。也希望透過這樣的分享，可以幫助大家更了解這兩個單字的差異喔。

如何幫助自己從前世的痛苦中療癒？

對應頻道第 120 集

我們身上有很多的疾病其實都跟我們的前世緊緊相連，這些疾病大多是一出生就有的，但也有部份是到十八歲左右才會發生。這些疾病大多找不到任何的理由與發作原因，也很可能看了好幾年的醫生仍處理不了。或許是因為我以前曾經聊過類似的話題，所以很多朋友們會迫切地想知道自己的前世究竟發生了什麼事，期望藉此療癒自己。更有人深信若是自己對前世一無所知，就完全沒有療癒自己的機會。所以就透過這篇文章來解除大家覺得「不知道前世就沒有辦法療癒自己」的迷思。

一個人要是非得知道自己的前世才有辦法得到療癒的話，那麼他從一出生就會知道自己的前世是什麼，而不會需要透過第三者來告知他的前世發生了什麼事。我曾經說過，自己才是療癒自己最好的人，當然也會具備最好的工具。這個意思就是說，即便你對自己的前世一無所知，你也有辦法可以療癒自己。

我有一個理髮師朋友，她有嚴重的富貴手，只要觸碰到化學染劑就會嚴重龜裂。而這一陣子不知道是什麼緣故，就連平常幫客戶洗髮也會惡化，導致她在工作的時候總是要戴手套。但是即便是戴了手套，她的情況並沒有因此好轉，反而愈來愈嚴重。為此，她詢問了很多的醫師與自然療法師，但都沒有人可以治療她的富貴手問題，也沒有人可以回答她為什麼會有這樣的情況發生。所以她在不得已的情況下只好求助於我，希望從靈性的角度找到解決方法，不然她就很可能得要面臨停業的結果。

我曾說過，我們身上的疾病無論是心理上的，還是生理上的，大部份都與我們的靈魂設定有關。這其實是我們的身體是為了輔助靈魂而創造的，只要我們靈魂上有任何的設定，都會直接地反射在身體上。身體因為前世所引發的疾病，通常會對應到與前世一模一樣的「感覺」，而不是對應出你在前世發生了什麼事。這就是為什麼知道前世發生的事，對療癒身體疾病來說，頂多只是輔助。更重要的是，現實生活中應該有讓你產生相同「感覺」的問題存在。在朋友身上，她的雙手所對應的感覺是無法改變現狀的無能為力感，當前的現實生活裡一定產生了與前世相同的情境，才會導致他的靈魂啟動了肌肉記憶，因而在這一輩子體驗到與上輩子相同的症狀。這種情況下，不是要去鑽研前世到底發生了什麼事，而該是去思考：這輩子究竟有什麼地方讓自己感到無能為力，以及可以如何改變那個現狀。一旦願意去處理面對那樣的感覺，那麼身上的疾病也會相對地好轉。

但是朋友聽完我的說明之後，還是沒有豁然開朗，反倒又問：「那麼一般人在不知道前世發生什麼事情的情況下，又該如何面對這樣的疾病？」如前面所說，除非現實生活裡有相對應的功課讓靈魂回想起前世的痛苦，要不然靈魂不會自動自發地給你一個與現狀毫無關聯的功課。這個意思也就是說，此時此刻的我們一定在身心靈上受到某種傷痛，所以才會回憶起前世相同的感覺與身體反應。就好比一個從小被父母虐待的小孩，當他長大成人看到別的小孩被虐待時，他兒時的傷口也會莫名奇妙地隱隱作痛。所以你要找尋的不是你的前世，而是現階段的現實生活中有什麼事是不斷發生的，導致你一直有相同情緒，而且這件事至今遲遲無法處理。找到這個方向之後，再好好地問自己該如何解決和處理這樣的事。

通常當人們的身體有這樣的反應時，所對應的是兒時的某個傷痛情節。在這個情況下，最好的方法是以第三者的角色去安撫那個受傷的小孩，好好地透過自己的陪伴來療癒你的靈魂曾經受到的傷痛。有些時候這些反應是毫無理由根據的，也極有可能是你前世所反應出來的傷口。在這種時候，我會建議各位學著與自己前世的記憶脫離。所謂的脫離是：**你不一定要知道前世發生了什麼事，但可以說服自己這一輩子不需要帶著前世的痛苦繼續折磨自己**。這種安慰的手法與安撫過去那個受傷的小孩是一樣的，就好像你看到一個蹲在路邊嚎啕大哭的人，你不一定要知道他發生了什麼事，但你還是可以安慰他一樣。讓自己的靈魂知道無論發生什麼事，你都會站在他的身邊，讓他知道人生中不管有再大的痛苦，你都會慢慢地去幫他解決。好好地省思一下現下周遭的環境有什麼是你可以為自己的靈魂改變的，這全都是可以讓你從任何痛苦中得到療癒的方法。慢慢地，透過每天的練習，你就可以與前世的痛苦產生分割，特別是當你找到解決現實生活問題的方法的時候。到時候靈魂就沒有必要再將自己的痛苦反應在你的身上，因為你已經不再是以前世的身份在過日子，也不是在做相同的事了。

其實大家應該都有發現，我們傾向找到一個了解我們的人，並希望這樣的人（無論是神、靈魂伴侶、導師……）能夠改善我們的生活。但我曾說過，這個世界上沒有人比你更了解你，你才是自己最好的療癒師。如果真的想為自己做些什麼，那麼就先從了解自己開始，而不是被動地等待他人的救贖。主動去發掘現實生活中有什麼事會讓自己的靈魂一直處在膽怯不安，並總是害怕自己受傷、被虐待、不夠好、沒人愛的情境，若你真的想要療癒自己，就幫助他去處理這樣的感覺，不但透過冥想，更透過實際的改變來證明你可以為他做點什麼。那個曾經在冰雪中凍傷腳而覺得自己無法再舉步向前的人，這輩子是否也感覺到了無法前進的無力感而反應出類似凍傷的濕疹，你可以透過不斷地安慰自己，一點一滴地證明自己可以，來慢慢地幫助他脫離那種自怨自艾的情境。

證明你有保護他的能力，你自然就可以與那樣的前世脫離，並讓他可以與你這一輩子新的設定結合。此外，前世所造成的傷痛不只會影響到自己的身體疾病，也有可能是心靈、精神上的疾病，包括最常見的過敏、強迫症等等。在這種情況下，都可以問自己「究竟發生了什麼事？」「我真正害怕的究竟是什麼？」「有什麼事是我可以為你做的？」從小地方開始改進，你就能夠慢慢地擴展到其它的地方。與其一次試著療癒很多事，我更建議一次針對一件事下手，等到完全地處理好這件事之後，再換下一件事來練習。不要過度苛求自己而搞得自己無法呼吸，這並沒有辦法幫你解決問題，還可能製造出更多的問題。也不要太急功近利，想要在很短的時間醫好它。想像前世不知道遭受多少年的痛苦，又怎麼可能花費數日／週的時間就把它療癒好？面對一個小時候受到虐待的小孩，又或者是被主人虐待的小動物，也是需要花點時間與耐心才能重新讓他們感受到愛，不是嗎？我害怕汽車沒油的問題，花了六個多月的時間才克服，我兒子克服被水淹死、怕水的恐懼，花了九年的時間，儘管療癒需要花時間，但重要的是，只要有心想要解決，無論時間長短都一定會得到解決它的結果。

不要讓前世的傷痛來折磨你這一輩子。花點時間陪伴你的靈魂，試著說服他與前世脫離，並坦然地面對這一輩子相同的感覺，慢慢地為人生的問題找到出口，這些都是可以幫助你從前世的痛苦中療癒的最好方法。

放手的課程

對應頻道第 123 集

不知道各位有沒有這樣的感覺：有時候我們身旁或親近的家人／親人／朋友／愛人，他們或許是精神上／情緒上／行為上有點問題，導致你無法與他們溝通和相處。於是你會開始對這樣的情況感到十分的沮喪與無助，更是無時不刻地感到傍徨不知所措，總感覺以自身之力根本沒有辦法改變任何的現況，只能允許同樣的事情日復一日地發生。這種時候你很可能會常聽到身旁的人建議你要學會放下他（們）。只不過這個時候的你根本不知道該如何放手，因為那感覺像要拋棄他們，再也不理會他們似的。

不知道大家對於「放手」是否都有著同樣的理解？就像是《冰雪奇緣》裡的艾莎，一句放手（Let it go）就等於把所有的事情都拋在腦後。也很可能是因為「放」的字面意思讓人覺得就是把手張開，什麼都掌握不住的感覺，以致於每每聽到人們叫我們放手，我們就認為是要將所有的事情放下，讓它留在原地。「放手」這句話說起來簡單，但是當對方是我們的家人／親人時，放手是何其地困難。

當我在靈學旅程初期，靈魂導師希望我學習「放手」這個課題的時候，我就覺得極其困難，因為我沒有辦法假裝在意的人從來沒有在我的生命裡出現過。那個時候我所面臨的對象是一個從小到大跟我很親近的阿姨，我們在靈學的路上因為彼此信念不同而產生分歧，從此變得像仇人似地不相往來。雖然我不斷地想要與她重新建立友好關係，但是根本沒有任何的事情可以改變她對我的想法與態度，所以我們的關係一直持續維持在冰點上。因此當我的靈魂導師要我學習「放手」的課程時，我真的不知道該怎麼做才可以做到完全地放下。我無法假裝過去的記憶不存在，也無法假裝自己沒有因為她的態度而受傷。也是在這個時候，我的靈魂導師要我以母親對待小孩的方式去思考「放手」的問題。雖然一開始的我真的不知道祂究竟想要表達什麼，但後來透過觀察，我終於慢慢地理解我的靈魂導師所謂的「放手」的意思。

我相信身為媽媽的人都應該知道，其實我們是很怕小孩受傷的。我們總是試著移除他們身旁任何危險的事物，不斷耳提面命地提醒他們不應該碰什麼東西才不會受傷，外出的時候也會緊緊地握著他們的手，害怕他們跌倒受傷。然而，身為母親的人也應該知道，即便我們總是戰戰兢兢地想要防止意外發生，但是孩子總要等到自己真的受傷了，才能夠理解我們在說什麼。就拿我女兒的小時候來舉例，儘管我總是不斷地提醒「燈泡很燙，不要碰」，但她還是每每看到燈泡就想去摸一下。直到有一天真的被燙到，才知道「燈泡很燙，不要碰」。她被燙到一次，遠比我對她耳提面命一百次還要來得有效。

我的靈魂導師藉由這個例子跟我說明這也是放手的一種。老實說，那時候的我看不出這之間的關聯。身為母親的我不會因為這個事件就停止對小孩的關心，我還是會想要拉著他們的手，儘可能地不讓他們受到傷害。但我的靈魂導師卻說：有時候一直防止他們跌倒，反而會讓他們永遠不知道該怎麼跑。有些時候，他們必須自己跌倒過了才會知道下一步該怎麼走，自己試過了，才會知道下次如何做得更好。所以與其害怕孩子小小年紀煮飯會傷到自己，我開始用在一旁示範的方式來教導他們如何煮飯，允許他們犯錯才能給予他們進步的空間。

當然，有很多人不能理解這跟「放手」有什麼關聯。但在我現在看來，之所以有很大關聯的原因在於——人人都會把「放手」掛在嘴上說，但是很少人知道真正要學會放下的東西究竟是什麼？要又如何放？因為從來沒有人教育我們該如何放手，以致於我們對於「放手」一直有著錯誤的觀念。當人們建議我們放下的時候，我們下意識地覺得那是完全不要理會他們的意思，但其實我們要學會放下的並不是那個人，而是**內心對那個人的牽掛**。

我們會擔心他們活不好、不快樂、不健康，又或者是不會有美好的未來，這其實與父母擔心小孩的感覺是一樣的。因為我們害怕也不相信他們知道自己在做什麼，所以我們才要替他們安排好一切，並告訴他們該怎麼思考、走路、跑步才不會受傷。說穿了，那全都是建立在我們不相信他的靈魂導師會安排最適合他的路，也會帶領他到最正確的軌道。我們因為擔心與恐懼，所以迫切地要將所有的事都安排好。因為害怕對方跌倒，所以想盡辦法地不讓他跌倒。因為害怕他累，所以到頭來全都累到自己身上。有時候即便把自己忙到焦頭爛額，也不會聽到對方說一聲感謝，反而還會嫌我們多此一舉。

我們真正要學會放手的是**內心的恐懼與不信任感**。我們必須相信靈魂導師不會安排我們克服不了的課程。正因為靈魂具有獨立的個體性，所以每個人都有最適合自己的學習方式，也就是說，我們不一定會知道每個靈魂最適合的進化方式，因此我們自以為是的方法不一定適用在他們身上。所以這裡討論的「放手」，不表示你必須完完全全地切割自己與這個人的情感與連結，有時候只是放下自己內心的執著就夠了。你必須去研究自己放不下的執著究竟是什麼。因為大部份的時候，**它與你不相信對方有照顧**

好自己的能力有關，所以你才會覺得自己有義務幫對方打理好一切。只不過在你這麼説服自己的當下，你也間接地説服對方相信這件事是真的。因為當我們把一切都打理好時，也間接地剝奪了他們學習的機會。

我覺得「放手」這個課程可以討論到很多不同的層面。特別是面對家人的時候，我們的放不下是不是因為內心有太多的執著與掛念？這時候的你應該回頭思考自己真正放不下的是什麼。身為母親，我總是害怕自己的小孩受傷，但很多時候他們受了傷反而可以更快地明白下次該怎麼做，所以有的時候「放下」是給予他們學習的機會。一旦放下了牽掛，他們才有機會可以從那個過程中得到成長。你必須相信，他的靈魂導師所創造的是最適合他的靈魂學習的道路。

希望藉由這個章節的討論，讓大家換個角度思考「放手」的意義。放下、放手並不表示你要完全地不去理會一個人、切割對任何人的連結，而是學會放下自己內在的執著，好讓對方有進步的空間。這絕對是雙方都可以一起進步的課題喔。

如何停止猶如走在蛋殼上的戰戰兢兢

對應頻道第 124 集

今天想要透過一些例子與大家分享，如何停止猶如走在蛋殼上的戰戰兢兢。英文中有句話叫做「Walking on the eggshell」，意思是指當我們面對某些人事物，會感覺自己像是踩在蛋殼上行走一樣，無時不刻地害怕自己把它們踩碎。通常這句話是用來形容人們在面對一些情緒化患者（或是家人親友）時，不知道該如何面對他們，以及怕會引爆他們的情緒那種膽顫心驚的感覺。

而這篇文章要分享的是面對高功能精神患者。所謂的高功能精神患者指的是他有百分之八十的時間像正常人一樣，可以工作也可以自主管理，甚至也有正常的社交生活，但有百分之二十的時間，他會有特別不穩定的情緒起伏，有時候甚至會產生幻聽、幻覺等狀況。這種可能會因為百分之二十的情緒失控，而影響到百分之八十正常作息的人，就是本文要討論的「高功能精神患者」。

在這麼多年以來，我接觸了許多類似的客戶與朋友，讓我發現人們在面對精神病患者時，腦子裡總是不自覺地有種「我不知道該拿他怎麼辦」的態度，而這種想法其實才是人們之所以不知道如何面對精神病患者的主要原因。我之前的許多文章都不斷地重複過：一個人的思維模式會創造出他的實相，一個一直覺得自己什麼辦法都沒有的人，往往也不會找到任何的方法。

除此之外，我發現人們在面對高功能精神患者時，第二個常見的心態是「放下」。但與其實說是「放下」，倒不如說是「放棄」。這種心態讓他們不會要求、期待精神病患者能為自己的行為負責。也由於一開始就放棄的緣故，導致他們也不會期待這些人了解或學會「凡事都有後果」這件事。再加上一開始就覺得自己拿他們沒有辦法，以致於在教育的過程中容易允許他們為所欲為，而不需要為自己的言行舉止負任何的責任。人們會習慣地替這些人收拾他們不負責任的行為所產生的後果，也很容易為他們的行為找藉口。正因為他們從小就是這麼被教育的，導致這樣的惡性循環會不斷地重覆，慢慢地成為人們無法控制的局面。而這種處理事情的態度，更讓這些明明是高功能的精神患者，很理所當然地拿著自己的標籤來合理化自己的脫軌行為，名正言順地讓自己的病成為不需要對任何事情負責的盾牌。

我們的思維模式會創造出我們對待事情的態度，以及我們所期待的結果。因此，「我不知道該拿你怎麼辦」的思維會創造出什麼都改變不了的情況。就拿教育小孩來舉例，我接觸過很多不知道該拿小孩子怎麼辦的父母，他們總是提起小孩常在他們面前失控的事件，來跟我抱怨不知道該如何教育小孩。但如果是我，我不會因為看到孩子們失控，就不讓他們為自己的行為負責。相反地，我會讓他們每次只要做錯事就一定要自己去道歉，並且為自己的行為負責。（如果打翻了東西就必須自己清理乾淨，如果破壞了物品就必須靠自己的金錢或是勞力來賠償等等。）所以，我的孩子雖然一開始試圖用大吵大鬧來逃避事情，但到最後發現再怎麼吵鬧失控都沒有效的時候，為了不再需要去收拾自己造成的殘局，他們也就開始慢慢地改善自己的行為。他們的大腦或許沒有辦法理解什麼是為自己的行為負責，但是**一致性的重複行為會製造出不需要經由大腦思考的肌肉記憶**。之後他們不會再做出需要負責補償的事情，不是因為他們的大腦理解了，而是因為身體不喜歡那樣的感覺，因此不會去做。

人們在教育他人的時候常常會以正常人的學習速度去評估，但是當媽媽的人應該都知道在教小孩子的過程中，就算同一件事講了二三十次，也不表示小孩就一定學得會。但若教導的目標是明確的，即便只是一點一滴的成長與改變也是值得的。這些高功能的精神病患所需要的或許正是這種耐心。所以在教導時，並非一味地著重於他們是否理解，而是期望他們的身體在面對事情時，會做出反射性的肌肉反應。教小孩的時候最好的方法不是不訓斥，反倒是**清楚明確的界限更能讓他們產生安全感**。我見證過很多高功能精神病患透過家屬不斷重複的耐心，而克服他們原以為無法控制的情緒，我相信與高功能的精神病患相處也是同樣的道理。

很多人會認為家裡有這樣的人是上天對自己的磨難，但何不換另一個角度去思考，想想這是堂彼此都可以從中得到進步的功課。他們或許有掌控自己情緒的課題要做，但也或許你有需要克服自己的無能為力感以及耐心的功課要學習。天下沒有無法解決的事，但是抱持什麼樣的心態絕對會造就什麼樣的結果。能夠教導人們為自己的言行舉止負責，其實就是靈魂最好的禮物。因為任何人要創造出自己的未來，首先要做的，是相信自己有那個力量，不是嗎？這世界上所有事情都是有方法處理的，如果你還不知道怎麼辦，不是因為它沒有解決的方法，只是你還沒找到那個方法而已。

所以千萬不要輕易地放棄這樣的親人或是朋友，只需要退一步思考，與其努力地嘗試讓他們理解，倒不如著重在製造重複的動作以養成肌肉記憶。若是能讓其他人也跟著自己的步調的話，那麼改變的速度自然也會相對變快。千萬不要小看靈魂的肌肉記憶，給大家參考看看喔。

如果你了解因果

對應頻道第 128 集

我常常覺得一個人如果了解因果的話，那麼他就會了解「己所不欲，勿施於人」的道理。我們會用希望自己被對待的方式去對待別人，以維持因果在這宇宙下的平衡。

之所以有這個話題，是因為近期家中發生一件小插曲。女兒因為沒有意識到自己過度使用電話，而收到每個月兩三百元加幣的帳單，所以我發現後，急忙地想打電話去客服投訴。但由於錯在我方，所以也不能算是投訴，而是想要與客服人員討論有沒有解決的辦法。只不過不知道是因為上天的考驗還是課題，那天客服人員的電腦一直當機，而我就在等候的過程中開始跟對方聊天。我跟他討論有什麼電話方案是最適合小孩的，緊接著聊到他的工作，以及他都遇到什麼樣的客戶。慢慢地，他的口氣變得和緩，我們就在等候電腦修復的空檔中整整聊了一個多小時。等到電腦終於回復正常運作時，換他一反先前的態度，想盡辦法幫我找最好的優惠。一直到要掛電話前，他還很慎重地感謝我。因為他說大部份的人打電話到客服都是為了申訴，很少有人不把他當作出氣包般地發洩。但在這一個多小時的談話中，他覺得和我聊天很愉快，也感覺自己被尊重。這不禁讓我覺得，人與人之間的相處不就應該是這個樣子嗎？把自己放到對方的立場來換位思考，就會知道自己該用什麼口氣跟對方說話。

我們最常遇到的是在餐廳候位的時候，往往因為肚子餓又等不到位置，所以就很容易對服務人員大小聲。但我們應該知道，在生氣時的氣話，大多是為了要讓對方感受到我們所受的傷害。這也是為什麼我很常建議各位，生氣的時候少說話，儘可能地先讓自己的情緒平穩再說。

記得有一次在餐廳吃飯，有一位小姐因為遲遲等不到位置就大肆喧嘩，謾罵服務生。不但罵盡所有難聽的話，還把對方與他的家人貶得一文不值。這讓我不禁懷疑，如果此刻站在她面前的服務生是她的小孩的話，她是否也會用同樣的態度與口氣？又或者當這樣的事情發生在她所愛的親人或自己身上時，她會有什麼樣的感覺？

禮貌地對待他人，不全是為了他人，也是對自己的尊重。你的言行舉止都代表著你對宇宙發送的訊號。有時候只是為了逞一時口舌之快而口不擇言，你對他人所造成的傷害，根本不是你可以計算與衡量的。你或許可以在發洩過後說聲「沒什麼大不了的」，但對方是否會因此而做出任何想不開的舉動，都不是你能知道的。既然對宇宙投射了這樣的能量，就得要有回收它的準備，因為因果不會分辨好壞，只是單純維持宇宙平衡的一種力量。你可以因為一個人的服務不好而不給他小費，也可以向管理單位和氣地表達你的不滿，但是把對方貶低到豬狗不如的用意到底是什麼呢？這是人們應該多花點時間去深思的問題。

如果你站在和對方同等的位置來思考，你希望如何被對待，那就用那樣的方式去表達自己的不滿。希望得到別人的尊重，首先要做的就是懂得尊重別人。想要別人聽你説話，你就必須先學會聆聽他人。在宇宙底下，你付出什麼就會得到什麼。你所給予的尊重，身旁的人自然也會感受得到。**你的語氣、字彙、行為，所代表的都是你這個人在宇宙下所要創造的實相。**想要得到尊重，不是透過貶低身旁人的身價；想得到愛，就不要一直奪走身旁的人的愛。想要如何被對待，就先以那個方式去對待人吧，如此才可以維持宇宙底下的因果平衡。因為今天不管你對外投射了什麼，它總會找到方法回來，進而成為你的實相喔。

關於因果報應的迷思

對應頻道第 131 集

今天來回答一些有關因果報應的迷思。之所以稱為「迷思」，主要原因在於大部份人對於所謂的因果報應其實還是存在著錯誤的註解。

Karma（因果業力）這個字是近五到十年來才在國外比較廣泛聽到的字眼，但其實普遍會認為所謂的「因果」就等同於「報應」一樣，也就是債權人與債務人之間的關係。好比說甲方欠了乙方五元，那麼乙方就有權力向甲方（或是全世界的人）要回這五塊錢。在他們的觀念中，五塊錢是因果的關鍵，而非甲方和乙方的互動關係。這讓我想起一個朋友的例子，她的老公曾經被人騙了一些錢，這個經驗讓他覺得自己可以理所當然地去騙其他人同等金額的錢，或者是透過任何不法手段將他被騙的錢要回來。因為他深信那些錢從一開始就是屬於他的，導致他覺得自己不管是從什麼人身上，或是什麼方法得到這些錢，都不會受到因果的報應。

既然文章開頭就說這是種錯誤的迷思，那麼各位是否可以從上述的例子裡看見其中的道理？我曾經在之前的書籍提到，因果業力取決於一個人的動機，而不是他的行為。也就是說**當初你製造這個行為的動機，將決定你之後會成為這個因果下的受害者或是受益者**。就好比一個為了拯救世界而騙你錢的人，與一個單純眼紅見不得你有錢而騙你錢的人，兩個人的行為都是一樣的，但動機卻完全不同。雖然結果都是騙了你的錢，但兩個人卻不一定會得到同樣的制裁與業力果報。

舉例來說，為了救人的人因為走投無路所以選擇欺騙你，他並不是想要把你的資產佔為己有，很可能也會在以後手頭寬裕的時候償還你，當他實際地透過你的資產去幫助到他人的時候，即便你不知道受惠的人是誰，但你在這個當下也自然地成為了受益者。因為被幫助的人所回饋的感恩其實會相對地回應到你的身上。這個時候的你，若是以理所當然的態度再去欺騙別人以拿回之前失去的資產的話，那麼在這個當下你所創造出來的是另一個全新的因果，因為它建立在完全不一樣的動機之上。

由於因果是建立在動機之上的，所以要避免因果報應的最好的方式就是：時時刻刻地省思自己的初衷究竟是什麼。當你在衡量自己的動機時，可以順便檢視自己的行為是否一致，這能讓你避免成為因果報應下的受害者。當然，有一部份的因果報應是累世所殘留下來的，那麼這個時候你就只能順應它的因果法則，讓它完成應有的循環，而不是讓自己不斷地製造出理所當然可以傷害他人的藉口。一旦養成這種時時檢視自己的習慣，那麼你就會愈來愈成為心口合一的人。在輪迴的過程裡，你只能盡力地去做到你能夠做的，其它的就讓宇宙自行去運轉它的因果法則，在以不傷害他人為動機的前提下，儘可能地做出心口合一的動作，那麼你自然就不需要擔心自己成為因果循環裡的受害者。

因果不會評斷好壞對錯，它只是維持這個宇宙的能量平衡。在上述的例子裡，那五塊錢不是決定因果的因素，而是你為什麼會選擇欺騙他人五塊錢的動機才是。真要減輕因果，那麼在合理化自己動機的情況下也可以同時思考，什麼行為是遠比「欺騙」更有效，也更沒有負罪感的方法。

關於冤親債主的迷思

對應頻道第132集

前一篇文章討論到因果報應的迷思，這一篇我們就來回答一些有關「冤親債主」的迷思。

之前的文章已經提過，因果報應（Karma）是近幾年才在國外盛行的字眼，但很多人還是對因果有著錯誤的註解，認為因果就像是懲罰。而「冤親債主」對於大部份的亞洲人來說是熟悉的名詞，但對於外國人卻是一個完全陌生的字眼。在亞洲人的觀念裡面，「冤親債主」多半以鬼魂的方式存在（但實際上也會以人的方式存在）。總之既然是「債主」，顯然都是來討債的。

就我多年來的觀察，我發現所謂的「冤親債主」雖然有鬼的樣貌，但卻不是真正的鬼（靈魂），反倒比較像是靈魂記憶裡所投射出來的影像。也就是說它們其實比較像是折射影像（Hologram），而不是一個真實存在的靈魂。這些影像大多會重複著相同的事，而沒有辦法獨立思考。大部份的靈魂為了自己的進化會很快地去選擇下一個輪迴投胎，而不會為了一個小小的恩怨而跟隨一個人好幾輩子。上一篇提過「因果報應」建立在你做任何事的動機之上，而「冤親債主」則是建立在執行這件事時，甲乙方因為互動而對彼此產生的感覺與設定。

舉一個簡單的例子：甲明明知道傷害乙是不對的，但還是選擇去傷害乙。那麼在傷害的過程裡，甲的內心就會對乙產生罪惡感。而這種罪惡感無論再怎麼讓自己的理智邏輯說服或合理化，從靈魂的角度來看，都會清楚地知道「這是不對的」。這樣的設定會被記錄在靈魂的黑盒子中*。所以即便在現實生活裡人們可能會淡忘這樣的罪惡感，但是一旦乙方再次出現，又或者是有相似的情境再次發生時，那麼這個被淡忘的罪惡感就會再次浮上檯面，讓甲方去省思自己是否有改善，抑或是解決事情的更好方法。如果甲方一直選擇不處理／面對那樣的罪惡感，那麼甲方就會一直與乙方維持著債權人／債務人的關係，也因而成為人們所認知的「冤親債主」。

*每個靈魂都有一個儲存所有記憶的黑盒子，在這個記憶庫裡面記載著靈魂截至目前為止的種種事情／情緒／設定。

由於這樣的記憶是儲存在靈魂的黑盒子裡，所以它不會因為這一輩子結束而終結，而是會一直儲存在靈魂的感官裡面，直到甲方去正視以及處理這樣的感覺為止。記得，靈魂之所以投胎是為了讓自己成為更好的存在，所以一味地逃避問題並不是幫助靈魂進化的方法。因此無論你的思考邏輯裡有沒有這樣的記憶，你在面對債權人／債務人的時候都會產生反射性的反應。那種虧欠的感覺會一直如影隨行地跟著你，一旦現實生活裡有任何的行為／情境／人會提醒你的靈魂曾有過相同的感覺與設定，那麼你的行為就會受此影響而改變，你的運勢也會因為靈魂的設定改變而受到影響，這也很可能是大多數的人們覺得運勢不好都是受到冤親債主影響的緣故。因為多半是現實生活裡有人事物啟動了那樣的設定，以致於你會有那樣的反應。在反應的當下，過去的記憶被折射出來，這也是為什麼靈媒看得到冤親債主的主要原因。

所以因果報應和冤親債主的對應關係在於，因果沒有好壞對錯的判決，只是宇宙維持平衡的力量，而你做任何事的動機會決定你的果報是什麼。冤親債主則是在你有了動機後所產生的行為之下，所製造出來的債權人／債務人關係。你的債權人／債務人身份會由你的行為是否會對靈魂產生設定來決定，這個記憶在現實生活裡很可能會被理智邏輯推翻或說服，但卻不會改變靈魂記憶裡的設定。這種設定會導致你在未來的日子／輪迴裡，遇到相似的人事物時都會讓你產生反射性的動作。除了現實生活裡真實出現在你身旁的人之外，靈媒們所看到的冤親債主多半不是真的靈魂（鬼），而是由你的黑盒子所折射出來的影像。這也是為什麼他們很可能還是幾百年前的打扮，但更重要的是，他們大多無法回答事件以外的問題，而會像是唱片跳針般重覆著同樣的回答。而債務人內在的虧欠感是導致他們雖然想要成功，但潛意識卻覺得自己不值得的主要原因。所以真正地克服「冤親債主」的最好方法不是燒紙錢、唸經、做法會，而是好好地去思考現實生活裡是否有人事物啟動了什麼設定，而你又可以如何面對那樣的問題，並實際地去處理那種債權人／債務人的感覺。

在此順便回答一個網友的問題：「你說冤親債主是人類記憶的投射，那記憶投射出來的冤親債主有可能是當事人的債務人嗎？」

答：是。因為冤親債主不全都是來討債的。有些時候，若是靈魂的記憶裡面甲方曾經受惠於乙方，並且在當下對乙方產生了感激之意。那麼這樣的記憶就會被記錄在甲方的黑盒子裡，等到未來的日子（或是某一世），甲方再遇到乙方時，他或許沒有辦法解釋為什麼，但會自然而然地想要回報乙方（某一世）的恩惠。在這個情況下，乙方也算是甲方的冤親債主喔。

你知道該如何休息嗎？

對應頻道第 133 集

大家知道該怎麼休息嗎？

雖然這是一句簡單的問句，但我發現並不是每個人都知道該怎麼讓自己好好休息。我有一個朋友，常常因為公司的人手不足而搞得自己焦頭爛額，總會不自覺地抱怨老天喜歡折磨、惡整他。每當我建議他「你該休息了」，他總是不屑地反駁自己忙到根本沒有休息的時間。要是我再進一步建議他適當的休息才能夠讓他更有工作效率時，他又總是說：「有啊，我會給自己放假，去做指甲，或是給人按摩……」

其實每當我問人是否知道該怎麼休息的時候，他們總會給我許多的「休息的例子」。這些「休息的例子」大多需要他們離開原本的崗位，去做些完全不相干的事。這或許沒有錯，也的確可以達到休息的效果，但是當他們一旦回到原本的崗位之後，同樣的壓力又會排山倒海而來，他們很快地又會回到壓力很大的狀態。這是因為帶來壓力的問題從來沒有真正地被解決。雖然離開當下的位置就好似被釋放了，但回到崗位之後自然又會再繼續承受問題與壓力。說穿了，這樣的休息方式只是一種逃避問題的方法罷了。

休息有許多不同的層面，除了我們認知裡的休息、休閒之外，我們更應該做的是學習以不同的角度或方法來處理同一件事。單單只是心態上的轉換也可以算是一種休息的方式。舉例來說，一個不懂得拒絕的人在工作環境裡，會不斷地因為他人的要求而去做許多份外的事，最後不但自己本份裡的工作根本沒有時間去做，還間接地讓自己身心疲憊，更不一定會得到他人的喜愛。又或者是盡可能想要把事情做好的人會一股腦兒地做，反倒忘了吃飯、睡覺，或是犧牲與家人相處的時間。他們總認為自己應該盡快把事情做好，卻從來沒有去思考過，自己一直攬事情來做的個性，會讓事情永遠沒有做完的時候。

當人們想在日常生活中得到休息，就必須清楚地知道自己的界限與原則究竟在哪裡，不應該只是因為想要把工作做好就忽視那些對你來說重要的事（例如你的家人、愛人，抑或是私人的空間與時間）。在這個新的世代裡，我發現有很多的女性為了要與男人平起平坐，總是會不斷地勉強自己，因為不想認輸而強迫自己。我有一個朋友，一直以來都是由她父親照顧生病的母親與沒有自理能力的哥哥，結果父親在不預期的情況之下走了，使得我朋友根本沒有時間照顧自己的哀傷，就必須拋下自己的家庭去處理所有的事。看著她日漸消瘦的身影以及嚴重睡眠不足的憔悴，我只是隨口說一句：「妳的真的應該休息了。」她的第一個反應便是：「我不能休息。如果我休息，我媽也走了怎麼辦？」於是我告訴她：「你的母親或許有一天會走，但不會是明天。但如果妳還不讓自己休息一下，那很可能換成妳媽來送妳。」這番話讓朋友愣了一下，緊接著嚎啕大哭。這是自她的父親離開之後，她頭一次好好地大哭一場。

很多人常常會為了把事情做好而用盡自己僅有的儲備能量。即便已經沒有能量再繼續支撐下去，但還是會叫自己再撐一下。總是要到整個人倒下來了，才來後悔自己當初應該好好地休息。所以，我想告訴各位：「好好地休息一下吧。」它並不表示你要離開現在在做的事，有時候只是換個角度與方法去做相同的事。**允許別人去犯錯，也允許自己的無能為力**。我有一個朋友總擔心別人沒有辦法把事情做好，而把所有的事都攬起來做。但即便別人做得不如自己想像中好，能夠放手交給別人去做，讓別人可以有進步的空間也是一種休息。又或者是你每天都跟一個極負面的朋友相處，但有一天你想放過自己、好好地休息一下，那麼你可以選擇不見面，也可以清楚地告知對方今天想要休息，是否可以減少他的抱怨。又或者是習慣不停做家務的人可以偶爾選擇休息一下，抑或是請求家人幫忙，而不是老覺得這是自己份內的事。以上的例子全都是休息的方法。我們不一定要離開現在的崗位去做別的事情，有時候只是以不同的方法在同樣的崗位做事，也可以達到休息的效果。

不要總是過度地要求自己，偶爾學著放過自己；不必每件事都達到一百分的效果，有些時候，五十分更能夠讓人有進步的空間。這篇文章是希望用不一樣的角度來與大家分享休息的意義。如果你有意識到自己總是背負著無法卸下的壓力，無法喘息，那麼用最簡單的話來解釋「休息」就是：**放過自己吧**。這可能需要你學會拒絕別人，也可能需要你暫時放下一切，但當你學會在生命中放過自己的時候，那麼你就會發現 再也不需要透過離開自己所在的位置才能夠得到休息的感覺。希望大家都可以練就休息的肌肉，好好地照顧好自己喔。

振動頻率如何影響我們的生活

對應頻道第135集

在說明「振動頻率如何影響到我們的生活」以前，我想要很快地跟大家解釋一下振動，以及回答幾位網友的問題。

在宇宙底下的所有存在都是一種振動，包括你看得到與看不到的事物。將振動頻率想像成往池塘裡丟一顆石頭，原本平靜的水面會隨著投入的石頭而震出漣漪。這個石頭就像是你的存在，而池塘裡所產生的漣漪就像是由你所產生的振動一樣。如果你理解這個道理的話，現在可以試著想像你們認知裡的正負面情緒、各種次元的存在，甚至包括顏色，全都是振動。在這裡，「聲音」應該是最好的例子吧。人們看不見又摸不著的聲音，在物理上就是一種振動的存在。人們會對不同的聲音產生不同的反應與情緒，而特定的聲音可以震破實質的玻璃，這些全都是振動可以相互影響的最好範例。

問一：為什麼有些人天生就特別敏感？他們的生活是不是註定過得比一般人更辛苦？

答：我們所有的人天生都是敏感的，幾乎是從一出生就有這樣的感官。因為這會讓我們對於這個世界的所有振動都能產生反應。遇到負面的人會哭，感受到父母傷心的時候會跟著難過，看到身旁的人快樂時會跟著笑，都是證明我們每一個人都敏感的證據。但為什麼這樣的感官在我們成人以後就好像會消失呢？這跟一個人的成長環境、教育背景有很大的關係。如果你身旁的人不支援／相信這樣的感官，那麼你就會在成長的過程中放棄這樣的技能，因為你會覺得這是不需要的。反之，如果身旁有人教導／相信的話，那這樣的感官就會被開發。所以我不覺得有人是天生出來就比較敏感，但後天的環境的確會決定他們需不需要保留這樣的感官。

在每個人都是敏感的前提下，每一個人敏感的程度可能都不一樣。有些人的敏感是看得到鬼、精靈，有些人的敏感是感受到他人的情緒，但不管敏不敏感（或者是敏感的定義究竟是什麼），它都不會減少靈魂面對自身課題的辛苦程度。沒有人註定是比別人辛苦的，但每個人在面對自己的課題時，無論課題大小，都是一樣辛苦的。

問二：為什麼有些人的感官沒有被關起來，或者是後來又莫名奇妙地被打開？

答：如前面所說，這取決於他的生長環境。如果被教育這樣的感官是可能／可以存在的，甚至是有人教導他如何運用的話，那麼他們就會繼續保留這樣的感官。有些時候，雖然環境教育他們這樣的感官是沒有必要的，但是在成長的路上若是遇到能開導他們的人，抑或是他們的靈魂導師覺得這樣的技能可以幫助他們處理現階段的課題，那麼他們的感官就有被重啟的可能。因此，會維持／重啟感官，大多是因為有需要，抑或是有人帶領以及教導他如何使用感官的緣故。

問三：為什麼有些鬼會莫名其妙地跟著人？

答：「同頻相吸」大概最能夠解釋這個問題了。你們應該很容易在日常生活裡發現，人們很容易吸引（或被吸引）與自己相似的人，這完全都建立在頻率振動相同的緣故。相同振動的人事物會聚集在一起，就如同相同思維的人容易成為好朋友一樣。即便生活在多元的世界裡，你還是會看到相同喜好、性向、種族、文化、思想、宗教⋯⋯會聚集在一起。靈魂會尋找歸屬感以及適合自己的地方。

或許我們的邏輯與情緒會說服我們不要受振動的影響而被吸引。但是，鬼在沒有身體的情況下，朝著與自己相同振動的頻率靠近是一種自然反應。特別是死後對一切都還茫然、不知所措的鬼來說，就更容易被同樣的頻率所吸引，這單純是一種尋找歸屬感的自然反應。最能夠形容這種現象的例子，大概就像玩 Pokémon Go 時點著薰香會不自覺地吸引來很多的寶可夢。你所散發出來的能場會決定你吸引什麼樣的鬼。只不過大部份的鬼並不如你們想像中那樣，會無時不刻地跟著你。大多不超過七十二小時，他們便能為自己找到出口。若是你們在這段時間以後還持續感覺到被鬼跟的話，那多半是因為你的能場一直吸引來相似的鬼（不是同樣的鬼），但最有可能的是你的恐懼塑造出一個類似虛擬實體般的存在（基本上就等同於冤親債主的意思）。它的感覺雖然像鬼，但其實是透過你的恐懼所餵養出來的實質能量喔。

藉由前面回答網友的問題，希望大家清楚了解「宇宙底下的所有存在都是一種振動」的定律，進而幫助你們了解振動是如何受到彼此的影響。無論是物以類聚還是同理共感，全都建立在同頻共振的道理之上。這也是振動頻率之所以會影響到我們的生活的主要原因。

之前我們提過，脈輪本身就是一種振動，一個人身上的七個脈輪就如同是每個振動的發送站。而維持這些振動一致的，便是一個人的核心價值。所謂的「核心價值」就是靈魂的根本價值，也就是我是誰？是什麼？對我來說重要的原則又是什麼？當一個人的核心價值明確的時候，他的所有脈輪也會跟著相互呼應。也就是他腦子裡想的，嘴巴說的，心裡感覺的，全都會建立在那樣的根本之上。反之，當一個人不清楚自己的核心價值是什麼的時候，他的任何振動都很容易受到外在因素影響而左右。所以想像一個核心價值明確，而所有脈輪都跟著振動的人，他本身會因為振動一致而慢慢地開始擴大其影響範圍，使得任何靠近他的人事物也會不自覺地受到他的影響而跟他產生一致的振動，以此類推地影響到更深更遠的層面。就猶如一個正向的人會影響到他身旁周遭的人的思維，而這些受到影響的人會因此再去影響到更多的人一樣。不過，強大的振動所吸引到的不只是人，還包括鬼、精靈、天使……，在宇宙底下的一切都是振動的定律之下，你的快樂與哀傷，貧窮與財富，自然而然地也會因為同頻共振的原理吸引相似的頻率與振動。相信自己匱乏的人會吸引貧窮，相信自己富足的人會更富有一樣。**宇宙底下的振動不是正負相吸的磁性，而是物以類聚的道理。宇宙法則不是建立在「我想要」，而是取決於「我是什麼」**。這就是為什麼明確地知道自己的核心價值是非常重要的事。它會影響到你未來所接觸到的所有人事物，猶如石頭丟入池塘的水會產生層層的漣漪，而所有在漣漪內的事物都會受到影響是同樣的道理。也因此，你的內在信念是什麼會決定你的脈輪對外發送的振動頻率，而漸漸地吸引來相同的人事物，進而演化成你所看到的實相。就像是磁鐵會因為磁力不同而吸引不同物質與數量一般。

如果你真的了解這個道理的話，那你就清楚地知道任何你所得到的實相都可以透過振動而改變。而所有脈輪要產生一致的振動，則是從穩定的核心價值開始喔。

當對與錯再也不具有任何意義的時候

對應頻道第 136 集

這篇文章的主題有點燒腦，叫「對與錯不具有任何意義」。這個主題不是要為任何的不公不正的事情做辯解，只是希望提供給各位另一個思考角度，跳脫理智的思考邏輯去觀看靈魂所安排的功課。

某一天，朋友跟我提起希特勒的事。她說：「妳知道希特勒總共殺了六百五十萬人嗎？像他這樣的人是不是會得到他應得的懲罰呢？這麼龐大的數字是不是代表著他每一次輪迴都要讓這些曾經死在他手下的人屠殺一次？」

在之前的文章裡曾說過：因果不取決於你的行為，而是你的動機。兩個行為相同的人並不一定有一樣的動機，他們所得到的果報也不會一樣。假設A與B同樣殺了人，但A殺人是為了慾望，而B殺人是為了保護自己，雖然兩個人的結果都是殺了人，但是在因果的定律下卻會得到不同的報應。社會的制度為了保護大多數的人，會創造出對與錯的法律規範，好讓人們有遵循守法的方向。所以在人類的制度之下，殺了人的A與B都會得到法律的制裁，但是在靈魂底下就不一定會有相同的判決，也不會有相同的果報。

對與錯的判斷是由人類的知識所教育出來的，不過，這並不是說所有錯的東西都是對的。在我的靈魂導師開始向我介紹「靈魂底下沒有好壞對錯」的觀念時，我花很長的時間消化這個觀念。因為當時我完全不能理解在沒有好壞對錯的衡量之下，我們要如何知道什麼是對的方向，什麼是遵從的準則，又該如何維持社會的和平？但或許也是因為高等靈魂介紹這個觀念的緣故，讓我在諮詢的過程裡多了一分觀察，也清清楚楚地釐清了因果報應的前因後果。這輩子被老公虐待的人在上輩子曾經是施虐者，在這輩子看起來十足的大好人原來在上輩子是個無惡不作之人。當然，並不是所有人都適用這樣的舉例。因為這些觀察，讓我開始理解靈魂導師想要表達的——或許任何事情都沒有一個絕對。在我們眼裡覺得是對的，在靈魂底下它不一定是對的；在我們認知裡是壞的事，也並不代表不會有好的結果。

於是我進一步思考朋友的問題，在眾人皆知是萬惡的希特勒集中營事件中，有沒有任何好的結果。坦白說，對於一個曾經在集中營被毒氣殺死，即便到這輩子還有那一世記憶的我來說，我並不怨恨希特勒。如果依照朋友的說法，我應該也希望他萬劫不復才對，但為什麼我一點也沒有那樣的感覺？如果每個靈魂在投胎之前，就已經知道自己會面臨什麼樣的生死關頭的話，這六百五十萬被屠殺的靈魂們，難道不知道自己會有這樣的結果嗎？我雖然無法替其他的六百四十九萬九千九百九十九人說話，但我清楚地知道這是我靈魂的選擇。所以我接下來的問題是：為什麼？

我深入地思考這件事對人類的衝擊性有多少？影響有多深？在事件前以及事件後的世界又做了什麼樣的改變？在靈性的層面上又做了什麼樣的提升？每個事件的大小會決定它影響層面的範圍，也就是說一個人受害與一百萬人受害所帶來的影響力是不同的。希特勒事件即使在這麼多年以後還是常常有人拿出來討論，還是有許多人拿來做借鏡，藉此提醒什麼該做，什麼不該做，以及人性的根本究竟是什麼。

古今中外有大大小小的屠殺，希特勒的事件始終位居萬惡榜首。是不是愈不合理、愈偏激的行為才愈能夠激發人性的尊重？因為這個事件的發生，我們的人性因而覺醒，進而知道什麼是基本的人權與尊重，什麼是公平與不公平的對待。它所影響的不僅僅是當時受害的猶太人，更讓後人廣泛地將人性的基本尊重推廣至各種層面。這件事在發生的當下是壞的，但之後所產生的影響力卻是龐大久遠以及正向的。也因為這件事的發生，人們藉以提醒自己不要再犯相同的錯。

靈魂投胎是為了進化。假設當初選擇成為受害者的六百五十萬人，與明知道會遺臭萬年的希特勒都知道那一輩子投胎的犧牲可以協助其他靈魂進化的話，你們覺得目的是為了什麼？如果靈魂要合演一齣戲來提升集體的覺知，那你覺得是扮演六百五十萬人裡的犧牲者比較難？殺害這些人的劊子手比較難？還是希特勒這個角色比較難？如果是你，你覺得自己又會選擇哪一個角色？如果換成這個角度思考，你是否也發現所謂的對與錯並沒有那麼絕對？

我之所以提出這個問題，並不是在替希特勒說話。我只是希望大家可以換個角度思考：人類的智慧真的很有限。我們看不到靈魂的廣大層面，只能依照個人主觀意識做評斷。但是人類到目前也只啟用了靈魂百分之一的智慧而已，我們自以為是的真理並不是靈魂的真實全貌。我並不是說你不能對任何事情有個人的意見與看法，只不過在靈魂的層面之下，我們沒有人有扮演靈魂判官的權限。我不喜歡、不認同的事並不代表它一定適用在他人身上。我覺得什麼人應該接受什麼樣的制裁，也並不表示他一定要得到那樣的制裁。在諮詢這麼久以來，我清楚地知道每個人的靈魂才是自己最嚴厲的判官。不管你在世的時候如何讓邏輯合理化自己的犯罪行為，但是一旦當你死亡的時候，就必須去面對你的靈魂應得到的懲罰，因為你的黑盒子絕對會清清楚楚地記錄下每一件事。在進入白光之前，你必然會面臨靈魂對自己的審判。如果你了解這個道理的話，那你就清楚地知道以個人主觀立場去批判他人的對錯其實是沒有意義的，因為你會清楚地知道在靈魂的旅程上，誰才是最嚴厲的法官。

既然批判別人是完全沒有意義的事情，人們就只能批判自己的言行舉止、動機是否符合問心無愧的原則。與其指正他人的對錯，最好的方法是回頭審視自己的所做所為是否是你所能認同的，與其要求別人達到自己的標準，倒不如時時刻刻地反省自己。如果每個人都可以這麼做，那我相信這就已經是個更好的世界了。靈魂底下的好壞對錯不是可以透過人的理智來判斷的，但也不要浪費了歷史上的壞人／事所帶來好的、正面的影響喔。

問與答：有關振動的問題

這篇文章回答一些與振動／核心價值相關的問題。

對應頻道第 137 集

問一：請問有些會依賴別人看法生存的人，是否為心理學上的共依存症，而非高敏感體質？

答：一個人的核心價值不夠的時候，才會在意別人的看法、眼光與批評。這不算是高敏感族群，比較像是自卑所導致的結果。一個高敏感的人會對不一樣的事物產生敏感的反應，但內心不會因為自己所感應到的訊息而產生動搖。可是一個由內在小孩在掌控人生的人，會時時刻刻地擔心自己受到傷害，又或者是期望得到他人的認同，導致自己的情緒很容易受到外在環境影響而改變。你的內在小孩一般都隱藏在你過去童年的傷痛裡。缺乏認同感的人由於內在渴望得到家人的認同，以致於長大之後也會不自覺地從他人身上尋求認同。但如果一個人擁有足夠的核心價值，那麼他的情緒就不容易受到他人的看法影響而動搖。所以我不認為它是共依存症，也就是說你不需要依附他人而存在。即便現實中的你可能有這樣的行為，但大多數的時間只要好好地與自己的內在小孩對話，這種需要依附他人的行為自然而然地會得到改善喔。

問二：假設A和B兩人能場振動的強弱相當、但頻率不同，當A發現自己毫無緣由地討厭B的時候，那麼B會不會也有同樣的感覺？

答：是。當兩人的能場振動相當的時候，他們很可能會對彼此產生相同的反應。如果你把人與人之間的任何反應都當作化學反應來看的話，那你就可以了解為什麼把A和B混合後會引發爆炸，而且不管是從A的角度還是B的角度來看都會引發爆炸。你與任何的人事物之間都會產生振動，如果A的振動比你強大的時候，那麼你的能場和思維就容易受到A的主導。但若是你的振動與B相同的話，那麼你們就很容易彼此影響。較大的振動會影響到較小的振動。就以正負面思維的人來做比較吧，大部份的人會認為正向思維的人就是振動頻率比較大的，而負面思考的人就是振動頻率比較低的，所以把正負面的人放在同一個空間裡，負面的人就一定會受到正面的人影響而變得比較正向。這個觀念或許沒有錯，但即便是正負面思維也有分極正面以及極負面、稍微正面以及稍微負面。當你把極正面的人與稍微負面的人放在同一個空間，那麼稍微負面的人很可能可以感覺到明顯的改變。但若是你把極正面與極負面的人放在一起的話，那麼他們彼此都會受到影響，負面的人會稍微感覺到正面一點，但正面的人也會稍微感覺到負面一點，隨著兩人相處的時間愈長，他們彼此的振動也會因此而變得雷同。這也是為什麼大型的座談會可以透過多數的正能量來直接影響少數負能量的主要原因。所以如果你有意識到自己很容易受到他人的影響，那表示對方的振動可能遠比你的振動還要來得強大。在這種情況下，與其擔心他的振動會影響到你，倒不如專注在讓自己的振動變得強大，那麼總有一天會換你影響到他喔。

問三： **有探索核心價值的具體方法與步驟可以分享嗎？找到核心價值後該如何一步步確立呢？有時候邏輯、理智明白核心價值在哪，但可能莫名地動搖，這時候又要如何拉回自己的重心呢？**

答：覺知（AWARENESS）在任何靈魂的旅程裡都扮演著非常重要的角色。因為有意識到問題的人才有改進的空間，而一個從來不覺得自己有問題的人，自然沒有任何改進的必要。也因此，「覺知」對於靈魂尋找個人價值扮演著重要的角色。

核心價值其實不是某種你會的技能，它比較像是你這個靈魂想要成為什麼、是什麼的信念。就好比一個覺得「誠實」很重要的人，要他說謊就像是要他拋棄他的核心價值一樣。這對他人來說可能一點也不重要，也有可能他們會說服自己說白色謊言是善意的。但對一個堅守「誠實」是核心價值的人來說，他的所做所為全都是以誠實做為基礎的。就猶如一個以「尊重」做為核心價值的人來說，他的尊重不會因為對方的身份而改變，也不會因為立場不同而有不一樣的反應。一個人的核心價值其實是可以在所有的層面上看得到的。它就像是陀螺的中軸一樣。你的一舉手、一投足，全都是以這樣的核心價值做為出發點。

一個人透過自我覺知（Self-awareness）來提高自己的核心價值。也就是說，你必須知道什麼對自己來說是重要的，以及你的言行舉止是否符合這樣的價值？同時間也了解到，自己的價值不一定適合套用在他人身上。尋找個人的核心價值最具體的方法就是**透過你的覺知，無時不刻地提醒**

自己：什麼對你來說是重要的？再藉此反省自己的行為是否符合這樣的信念。如果自覺不足又可以如何改善？如果身旁的人不符合你的信念又是否要強迫自己與那樣的人相處？透過不斷地自我提醒讓自己慢慢地成為你想要成為的那個人。

我曾經說過任何習慣都可以靠二十一天的練習養成。花點時間去思考什麼對你來說是重要的，以及這個信念所延伸出來的行為又是什麼？如果你沒有方向可循的話，那麼你也可以將你所崇拜的名人暫時當做努力的目標。透過每天不斷地提醒與練習，總有一天那樣的習慣就會猶如你的一部份般的自然，根本不用再花時間去思考自己的核心價值究竟是什麼。到時候，你可以再為自己決定第二個價值，以此類推地慢慢為你的靈魂塑形。個人價值需要靠探索與自我覺知，並不斷地審視自己的行為。也可以透過明確的提醒與標示，來幫助自己在動搖的時候拉回自己的重心。

問四：每個脈輪都有各自的振動嗎？確立核心價值後，就會讓每個脈輪呈現一整體的頻率振動嗎？

答：是。每一個脈輪都有自己的振動，一個習慣思考的人，頂輪振動就會遠大於其它的振動。一個有什麼說什麼，不會三思而後行的人，他的喉輪振動就很可能會大於其它的振動。假想七個脈輪都各自有一個中心點，而這個中心點是靠核心價值來貫穿的。就如同上一題所回答的，你的核心價值會決定你的想法、思維、說出來的話、做出來的行為……等等，所以當一個人沒有核心價值時候，他的所有脈輪振動就很容易受到他人的意見影響而動搖，進而產生不規律的振動或是堵塞。暫時將所有的脈輪想像成轉動的橡皮筋（或呼拉圈），當你有中心點貫穿他們全部的時候，它們的振動就會慢慢地變得一致。但當你移除掉中心點的時候，他們會慢慢地失去原有的振動，進而受到外在環境影響與左右。這也是確立好核心價值就會讓每個脈輪呈現一致的頻率振動的主要原因。

問五：如何增強振動頻率？

答：如同之前的回答，這完全取決於你的核心價值。你是誰？想要成為什麼樣的人？這些都是奠定你的核心價值的重要基礎。而振動頻率只不過是核心價值所延伸出來的反應罷了。

問六：男女愛情上的振動吸引是物以類聚嗎？那該如何增加自己的振動，去吸引有責任感又對自己真心的人？感情業障是否可以靠振動頻率改變而排除？

答：是。你的振動頻率決定你會吸引什麼樣的人。害怕受傷的人會吸引到傷害他的人，覺得自己不值得的人會吸引到看不到他價值的人。宇宙回應的不是「你要什麼」，而是「你是什麼」。如果真心想要吸引一個真心又負責任的人，那麼第一個要件是讓自己成為一個真心又負責任的人，而不是內心還允許那個害怕被傷害的小孩在掌控自己的人生。愛自己的人才有辦法吸引愛你的人，因為你的頻率會自然地影響到他愛你的感覺。先讓真心與負責任成為你的核心價值，那麼你的言行舉止自然會配合這樣的核心價值振動。然後在同頻相吸的定律下，你遲早會吸引到與你振動相同的人。

至於你的感情業障是否可以靠振動頻率改變而排除？答案是「不行」，因為這建立在因果之上。因果輪迴大多隱藏著靈魂必須去面對和克服的功課，而這樣的功課不會因為你的振動而改變。既然我說每一個因果裡面都存在著一個課題的話，那唯一讓這個因果業障消失的要件就取決於你這個靈魂是否從中學到你應學的功課。因果是透過靈魂從中學到功課而解除的，不會受到時間、空間或者是振動的限制喔。

問七：兩人在同空間中，誰被誰影響是看誰的能量比較強嗎？

答：是。但不是建立在誰的正面能量比較大，也不是由那個人的能力／身份來決定。正負面的人都很有可能彼此受到影響，即便是再有能力的人也可能有不堅定的信念。在同個空間裡面，一個人強烈的中心信念可以決定他的振動頻率強烈喔。

問八：請問要如何找到自己核心價值？

答：如前所說，花點時間去思考什麼對你來說是重要的，以及自己的言行舉止是否符合這樣的信念。若是沒有方向的話，可以找個你崇拜的人成為你模仿的對象，Fake it till you make it. 一旦當你將一個價值練習成為你的一部份之後，再加入第二個價值，依序延伸。

問九：核心價值包含是心輪或者是大愛嗎？

答：核心價值不是脈輪，而是貫穿所有脈輪的中心價值。大愛可以是核心價值，但卻不是所有人的核心價值。因為它可能對你來說是重要的，但對其他人來說卻是沒有意義的。每一個人的核心價值都不同，它取決於什麼對你這個靈魂來說是重要的。

問十：為什麼有些被鬼跟（卡到陰）的人會產生強烈的身體不適呢？這是否也與振動有關？

答：是。鬼與人的振動原本就不同，所以受到它的影響而感到身體不適是自然的事。對一個不習慣感受鬼的振動的人來說，突然感受到鬼（或是長期受到它的干擾）而感到不適，就像是身體突然感染到病毒後會生病，又或者是習慣吃清淡的人突然吃到很油膩的食物會上吐下瀉的意思是一樣的，全都是因為不習慣而產生的排斥感。

問十一：某殺人魔的核心價值是相信自己很強大，這樣的信念是否會導致他人的追隨？

答：是。希特勒就是一個最完美的例子，不是嗎？愈沒有自我核心價值的人愈會容易受到他人的核心價值所左右，不管那個核心價值是對還是錯。

你只有一個身體可以來活這一輩子

對應頻道第 138 集

在本文開始之前先跟大家分享一個小故事。有一天出門的時候，碰巧聽到一對母女的對話。小女孩很天真地抬頭問媽媽：「媽，你總共活了幾世？」那位媽媽很認真地思考後回答：「只有一世。人們永遠都只有一輩子。」乍聽之下，我雖然無法認同這句話，但是在深思熟慮之後似乎也不無道理。想想，如果人們不去思考前世今生的話，那的確只有這一輩子需要好好地活著，專心地讓它變得精彩就好了。如果換成這個角度思考的話，那麼每個人的確都只有一輩子需要去思考。

這同時讓我想到，我最常與家人討論的話題就是：你只有這一個身體。

這個話題的產生源自於小孩子們對垃圾食物的喜愛。他們既不喜歡吃健康的食物，又不喜歡運動，這使得身為媽媽的我不禁要好好地教育他們該如何重視自己的身體。人一生就這麼一副身體，不管你喜不喜歡、愛不愛，這一輩子你就只有這一副身體陪你體驗人生的喜怒哀樂、愛恨情仇，一起克服人生的功課，一起達到人生的目的。然而有許多人都覺得把這個身體照顧好是別人的事（可能是你媽、小孩或是另一半），但事實是，這副身體是你選的（就猶如你選擇了你的父母一樣），如何使用它、照顧它也只有你最清楚，更遑論你還是唯一一個二十四小時陪伴著它的人。這副身體會一直陪伴你到完成這趟人生旅程為止。既然在未來你還有那麼多的事情要做，那為什麼不好好地照顧自己的身體呢？

在這裡順便分享一個小故事。朋友認識的一個小男孩，十五歲的時候就被診斷出有腦瘤，而腦瘤又長在沒有辦法開刀的位置，使得這個小男孩在小小年紀就必須面對生死的考驗。在這樣的情況下，朋友無法理解他的功課究竟是什麼？又為什麼會有這樣的事發生？

關於疾病的問題，我會在以後細述。在此只能大概地跟大家說明：其實大部份身體的疾病都是對應你靈魂的感覺與設定。當一個靈魂的氣場、氣流、振動受到堵塞的時候，身體就會對這樣的阻塞感製造出相同對應的物質，也就是你們所熟悉的腫瘤。朋友雖然不懂這麼小的小男孩為什麼要面臨如此艱苦的功課，但從靈魂的角度來看，人生的功課向來就不單單是為了個人而創造的，而是每一個參與的人都有必須面對的課題存在。這包括他的父母、親人、同學、朋友等等。在這種情況下去鑽研他的功課是什麼是沒有意義的，因為他的病不是他一個人該去面對的功課，而是所有人必須共修的課題。但是他可以做的，是好好地照顧好自己的身體。既然生命之於他是如此短暫，那麼在這段時間內他可以如何照顧好它，又有什麼事是他可以在這麼有限的時間內幫助他的靈魂完成的？

大部份人在面對生病的家人時總是希望自己可以做些什麼，又或者是期望醫生／靈媒可以提供協助。這個社會讓我們相信我們的一切都需要別人來負責。無理取鬧的老闆讓我的壓力很大、身體不好是因為別人沒有把我照顧好、之所以沒有運動是因為沒有人陪我……。這個社會很常把矛頭指向別人，而忘了所有的決定權都在自己的手上。你選擇這個身體跟你選擇了你的父母是同樣的意義。你的邏輯或許沒有辦法解釋為什麼，但是你的靈魂卻清清楚楚地知道它的用意所在。既然如此，照顧好這個身體就是你的責任。上天不會安排我們沒有辦法克服的人生難題，今天你選擇了這樣的身體也必然有其道理存在，無論你喜不喜歡，你的身體絕對是最能克服你的人生課題以及完成你的人生目標的完美工具。它絕對具備了所有條件、要素，以幫助你的靈魂成達到祂想要的結果。

如果以這個角度去思考，那你就會清楚地知道這個身體已經具備了所有你需要的元素，可以幫助你成為你的靈魂最想要成為的模樣。也因此，沒有人會比你更了解你自己。工業社會的教育讓我們相信權威，我們習慣用科學與邏輯來解釋一切，但也只能開發靈魂百分之一的智慧，而且並不一定適用在所有人身上。你從一出生就學習與這個身體連結，所以有誰能夠比你更了解你？又有誰會比你更適合來保護自己？如果你了解這個道理的話，那你就不會用相同的態度來對待這個身體，無論是身體上、心靈上還是生理上。你不會允許自己用苛刻的話語來批評自己，責備自己，你不會照鏡子時總是告訴自己有多醜、多沒用。你不會虐待自己，更不會選擇垃圾食物來填滿自己。你不會允許別人的行為／言語傷害你，更不會允許任何人霸凌你。你只有這個身體可以陪你過這一輩子，把它照顧好是你的責任，而不是他人的。這就像保養汽車一樣，如果有開幾十年的心理準備，你自然就會小心地保養它，不是嗎？照顧身體是全面的，除了身體的健康之外，還有心靈上的健全也是重要的。雖然偶爾會爆走一下，但千萬不要讓它養成慣性。不要把傷害性的食物／藥品當做主食似的服用，如果克制不了這樣的行為，那麼好好地思考：**在靈魂的層面上，你是否也不斷地餵養自己不健康的能量呢？記得，身體是對應靈魂設定的，靈魂有那樣的感覺，身體才會有那樣的需要。**

所以單就那個十五歲的小男孩來看，在任何人可以幫他之前，他至少要先學會照顧好自己。這句話絕對適用在所有人身上。你的身體是來協助你達到你靈魂想要的樣子，只有你可以好好地照顧好它，它是否可以陪伴你一生，取決於你是否有好好地保養，無論是身體、心靈或是生理上。不管世人對你的身體的評價是什麼，它絕對具備所有可以幫助你完成你人生目的的重要元素。所以，請好好照顧好它吧，你的身體會好好回饋你的。選擇更好的食物／言語／心態／習慣，不是因為你需要，而是因為你值得喔。

珍惜與匱乏恐懼的差別

對應頻道第 140 集

　　大家可以分辨「珍惜」與「匱乏恐懼」的差別嗎？對我來說，這兩個字的意義非常的不同，但在我細述以前，我想要先與各位分享「恐懼」是什麼。「恐懼」是一種阻止你前進的力量，當你想要為自己跨出一步的時候，就好像有某股力量一直試圖將你拉回，有些時候甚至會有手腳發冷、手心冒汗、呼吸急促的現象。而且由於是自己所害怕的事，所以同時也很容易被任何的理由與藉口說服。大部份的狀況下，這樣的感覺是不明顯的，但說穿了其實就是「你害怕去做的事」，這種感覺通常也會讓我們害怕去嘗試新的人事物。

而「珍惜」是一種你以對這個人／事／物最好的決定做為出發點，所發展出來的行為。在這個過程，你會跳脫自我的限制，並嘗試以那個人／事／物的立場來思考什麼對他們來說是最好的。也因為跳脫自己的身份，所以鮮少會害怕自己如果失去會怎麼辦，也會比較願意捨棄自己的個人意見對這個決定所產生出來的矛盾。也就是即便答案不是你要的，你也會欣然接受。

這是「恐懼」與「珍惜」最大的差別。一個懂得珍惜回憶的人不需要保留著過去的物品，因為他會了解重要的是回憶本身，而不是物品。如果你珍惜一個人，那麼你就不會強迫那個人去做你要的事，而是會以他們的立場做為出發點，去思考什麼樣的決定對他們來說是最好的。而有所恐懼的人，在同樣的情況中卻會做出完全不同的反應，因為他害怕回憶會消失，所以會一直緊捉著過去的物品不放。因為害怕那個人會離開自己，所以會強迫他們留在自己的身邊。舉一個最常見的例子，那件一直掛在衣櫥裡十年沒穿的衣服，害怕「再也回不到那段黃金歲月」的人會堅決把那件衣服留著，因為「有一天會再穿到」。而真的珍惜這件衣服的人，會思考是否該捐出去讓真正需要的人物盡其用。

所以，有「匱乏恐懼」的人一般只會想到「那我呢？」「如果有一天我需要的話怎麼辦？」「如果我再也找不到同樣的東西該怎麼辦？」這是兩種思考模式最大的差別。所以如果想要知道自己是「珍惜」還是「恐懼」，最好的方法就是從自己的思考模式去檢視。你是以被珍惜物的立場去思考什麼是對他來說最好的呢？還是以恐懼者的支配者立場去思考如果失去了會如何？如果你放不了手，那麼大多是因為恐懼。

不久前在網路上看到一篇文章，基本上就是說「囤積是一種匱乏的現象」。「囤積」指的是你儲放遠超過你需要的量。也就是說當你有任何囤積的行為，無論是什麼物品，它所反應出的都是你內在的匱乏感。你的內在有某一種感覺是空虛的，所以你的外在行為才會試著用相似的物品來填補那樣的感覺。

其實我有也囤積的習慣。我很喜歡囤積食物，而且我媽也是同樣的人。所以我家的冰箱永遠是滿的，即便是臨時要開派對也足夠餵飽整屋子的人。但其實超市距離我家不到五分鐘的時間，我真的沒有儲藏這麼多食物的必要。此外，認識我的人都知道我是個外套控。我往往只要找到自己喜歡的版型就會有包色的行為。但是一個人最多可以穿幾件外套？一個衣櫥裡又塞得下幾件外套？所以那篇文章不禁讓我思考，如果囤積所代表的是匱乏，那麼我生命中感到匱乏的東西究竟是什麼？我之前曾經提過，靈魂要進化的先決要件是要有覺知，因為一個沒有覺知的人不會知道自己有任何需要改進的地方。

也就是說到目前為止，我會拿家人做為囤積食物的藉口，而以穿衣服需要配色來做為買各種顏色的外套的原因。但是我的生命中真正缺乏的究竟是什麼，才會導致我不斷地為自己不合理的行為找藉口？或許我們並不像那些把房子堆到連走路都沒辦法的囤積者一樣，但其實我們每個人都會潛意識的囤積一些東西是直接反應我們的匱乏。所以如果你也像我一樣，那麼何不試著往自己的內心探索，去思考自己的人生中感到匱乏的究竟是什麼，才會導致你一直在囤積那樣東西。

從思考的過程裡，我發現自己的外套囤積習慣來自於童年感受不到溫暖，而食物的囤積則是來自於童年沒有吃飽過的緣故。也因為自己開始意識到這兩者的關聯，所以讓我每每又有衝動想要購買的時候，會靜下心來好好地問自己：是真的需要？還是單純想要（滿足內在那種空虛的感覺）？這個因為覺知而產生的對話，讓我在購物時會多了三秒鐘的思考時間，也讓我開始去整理家裡過滿的冰箱與衣櫃，以及跟那罐幾乎要結成磚的金都念慈庵說再見 XD。

我會開始告訴自己的內在小孩：你不再是一個需要溫飽的小孩，我有能力讓你不再挨餓受凍。我會把自己照顧好，也會把你照顧好。漸漸地，透過這樣的自我對話，我不再像以前那樣瘋狂地囤積所有的東西（雖然偶爾還是有那麼一點小任性 XD）。之所以與大家分享這個故事，是因為我曾經說過我們的人生課題其實都可以追溯到我們童年的匱乏感。這種匱乏的感覺會導致我們成年以後透過過度消費、暴飲暴食、不斷的重複行為來得到滿足，為的是彌補內心的空虛。但靈魂進化本來就不是一條簡單的路，所以希望各位有空可以與自己的內在多說說話。

如果有意識到自己有匱乏的感覺，那麼就好好地思考自己想要彌補的到底是什麼。因為唯有你開始想要去尋找那個答案，你才會產生覺知，才會有進化的空間。如果你不清楚那個感覺是什麼的話，那麼就好好地思考你在擁有那樣東西的短暫瞬間，你所得到的感覺是什麼。不是每一個愛買外套的人都是缺乏溫暖，也不是每一個愛囤積食物的人都是被餓過的，但重要的是在你擁有它的當下，這個物品對你所產生的感覺究竟是什麼，那才是你應該著手的方向。

希望透過這個分享，可以讓大家知道自己可以透過平時囤積的習慣去尋找內在匱乏的恐懼。「珍惜」會讓你站在對方的立場思考什麼是對他們來說最好的決定，即便這個決定不一定是你喜歡與認同的。而「匱乏恐懼」則是會以自己的立場去思考，為了害怕失控／失去而做決定。希望這有回答到大家的問題喔。

Chapter 2

身為一個靈媒

算命師與紅包

對應頻道第 102 集

Q：民間有個說法，就是算命師如果算命沒有收紅包的話，會因為洩露天機而招來厄運，這是真的嗎？

坦白說，我覺得「紅包」這件事真的是亞洲文化。從以往的經驗來看，無論我再如何表明自己是照時間收費，但在很多亞洲人的觀念裡面，他們就是覺得將費用裝在紅包袋裡是種習俗，好像會藉此沖掉厄運似的。但是在國外居住了這麼久，我從來沒有見過任何的外國靈媒收紅包，也沒有聽過他們因此而遭受什麼厄運。

話雖如此，我還是想要跟各位分享一點個人經驗。我從小的生活環境讓人相信一個有靈媒體質的人理應是要來拯救世人的。這樣的觀念讓我一直很排斥自己的靈媒體質，更討厭自己必須用自己的能力去救世人的理所當然。在這種不情願的情況下，我即便回答別人的問題也是小額收費，甚至是免費服務。但也因為這樣，我發現有很多人反而會因為「免費」的關係而濫用我的能力，甚至一點也不尊重我的時間。曾經就有一個客戶完全不顧及我的個人時間，一坐就是四、五個小時，執意地想要為自己的問題找到答案。即便我面有難色地表示自己必須結束對話去處理私事，對方還是裝做一副若無其事的樣子繼續發問。彷彿因為不用錢，所以我的專業與時間也相對地被忽視。這樣的結果導致我因為私人的時間被佔用，又不被尊重的情況下而心生怨念。雖然人們總是口口聲聲地說靈媒理應要救世人，但是在我們不被尊重的情況下，我們不免會質疑你是哪位？我又為什麼要幫你？

無論我再怎麼解釋與說明，人們還是從來沒有尊重過我的時間與能力，總是恣意又任性地想要隨時從我這裡得到答案。這樣的情況一直持續到我開始收費為止。剛開始的收費雖然不高，但抱怨的聲音倒是不少。很多人因為我開始收費，不再來找我，甚至有很多人會對我擺出一副「我付錢就是老大」的態度。雖然那時候收取的費用對我來說只是個公益價，但或許正因為價格微不足道，讓人們也不自覺地將價位反應在我的能力之上。那種一副理所當然、有錢就是大爺的態度的客戶，反而是在我收取「公益價」時最容易遇到的。如果說靈媒幫人算命會引來厄運的話，我個人懷疑那很可能是由怨念累積而成的——那種不被尊重又被視為理所當然所產生的怨念。

長期的觀察讓我開始決定依照自己的專業收費。當時的我做很多的工作都是差不多的費用，所以我決定一律依照時間收費來辦理。或許是因為開始正視以及尊重自己的時間，所以也能夠以更專業的心態去面對客戶。

也是在這個時候，我發現施與受之間會因為心態的改變而形成一個圓滿的因果。所謂圓滿的因果在於，我所付出的是否得到我覺得合理的報酬。特別是對一個素面謀面的人來說，既然要我提供服務，那麼就應該等同交易一般地收取我覺得合理的報償，不是嗎？

所以總結來說，我覺得用金錢支付自己所收取的服務是一種尊重，至於這個費用有沒有被包在紅包裡，我個人倒是覺得無所謂。更重要的是在施與受之間得到一種平衡，那麼這個互動自然就是一個圓滿。就好比你不會去要求一個職業按摩師幫你免費按摩，抑或是專業心理醫生幫你免費催眠一樣。每個人對於自己的專業價位都不一樣，但若是依照使用者付費的心態去對待，那是否更可以為彼此設立平衡以及圓滿的結果呢？所以與其包個意義不明的「紅包」，我覺得明確地表明自己專業的收費標準，讓使用者可以自行決定，如此更能夠達到圓滿的效果。

此外，我覺得所謂的「天機不可洩露」同樣也是一種亞洲文化。在台灣算命的時候，常常會聽到算命師說天機不可洩露，因為一旦洩露就會招來厄運。但是說真的，在我諮詢二十幾年的經驗中，從來沒有遇過不可洩露的天機。因為若真的是不能洩露的天機，那麼靈媒是根本看不到的。一個與自身有關又不可以知道的天機，沒道理需要由另一個毫不相干的陌生人來保存吧？所以與其說是因為洩露天機而招來厄運，我覺得概念上更接近以什麼心態去陳述所謂的「天機」所必須承受的後果。

其實就整個問題來看，我覺得會相信「沒有收到紅包就會招來厄運」，或是「洩露天機就會招來厄運」，這兩件事本身就跟當事人的教育背景、宗教信仰有很大的關係。我一直強調「意念會創造實相」，若是相信自己會因為沒有收到紅包就遭受厄運的話，那麼這樣的信念自然會創造出你所相信的實相，也會讓你只要一遇到不順心的事，就直接聯想到是因為沒有收到紅包。

此外，很多靈媒會一味地想避免不好的事情發生，卻忽視了當事人可以透過不好的事情所得到的正面影響。也因此，在他們傳遞訊息後影響了當事人的人生功課延遲，那麼這件事本身就是個因。因為這個「因」而導致於他們之後所要承受的「果」，這也很可能成為他們觀念裡因為洩露天機所必須要承受的厄運。

所以總結一下：沒有收紅包的算命師幫人算命會不會因為洩露天機而招來厄運呢？我個人覺得不會。但我覺得若是每個人都可以以使用者付費的心態去看待算命的話，那麼彼此便可以在施與受間達成共識與圓滿。至於天機的話，沒有人可以看到原本就不應該被洩露的天機。真正形成厄運的，應該是自身的信念以及自己製造出來的因所必須承受的果吧！

如何保護小孩不受靈體的干擾

對應頻道第 109 集

隨著我們進入到覺知的世代，會有愈來愈多人開始啟動原本以為不需要的感官。這可能使得愈來愈多人在一夕之間從麻瓜變靈媒，也有愈來愈多因為瀕死經驗就突然通靈的事件。既然在大人的世界裡面就已經是如此的現象，新生代的小孩就更可能有這樣的狀況。在過去這麼多年的諮詢中，有許多自認是麻瓜的父母們向我請教如何教養敏感的小孩。特別是當小孩很容易受到靈魂的干擾時，看不到也摸不到靈體的父母們就更不知道自己可以做些什麼來保護這樣的小孩。在覺得鬼好像無所不能，而自己又摸不到、看不到對方的狀況下，任何人都不知道該如何自我防衛。

我常說，如果你的腦子一旦認定自己什麼方法也沒有（我不知道該怎麼辦）的時候，那麼你就已經把主導權交付給對方了。沒有人可以一輩子保護自己的小孩，父母的責任也不是一輩子保護好小孩，而是希望可以教予小孩自我求生的智慧，讓他們未來有保護自己的能力。所以如果大家不知道這個界限在哪的話，那麼在此給大家一個大概的範圍。在小孩五歲以前，保護他們是父母的功課。五到十歲左右，父母會開始教育他們去理解任何行為都會產生後果，以及教育他們要保護自己的身體。五歲到十五的發展階段，父母會著重在教導情緒掌控，給予他們精神上的支援並慢慢地放手讓他們去做各種嘗試。而十五歲以後則是放手讓他們去創造屬於他們自己的生活。

也就是說父母的「保護」最多也就到十五歲。如果你不是一味地在保護孩子，而有讓他們順其自然地發展肌肉的話，大部份十五歲以後的小孩，在身心靈上，都應該有自理以及自我保護的能力。之所以與大家講解這些階段，是藉此讓父母可以自我審核是不是過度保護自己的孩子。

在覺知的世界裡，會有愈來愈多的小孩會像靈媒一樣的敏感，不只是看得到異次元的存在，可能與自然、環境、情緒也有特別深的連結。如果身為父母的你什麼都看不到，但知道自己的小孩一直被某個鬼／靈體／外星人／精靈干擾的話，那麼最簡單又可以保護他們的方法，就是試著把自己套用在任何自然萬物底下，去思考牠們都如何保護自己的小孩。你有看過貓怎麼保護小貓嗎？母雞怎麼保護小雞？你要做的並不一定要去傷害任何鬼，而是散發出「不要靠近我的小孩」的能場，就好像電影阿凡達裡，傑克．蘇里因為斷線而整個身體癱在地上，而奈蒂莉跳至他身上，警告族人不要靠近他的氣勢一樣。我不是叫大家都要跳到小孩身上喔，而是想像那種想要保護親人的氣勢，彷彿在你與敵人之間建立一層防護罩。那樣的氣勢才是讓所有的靈體退避三舍的主要原因。

所以身為父母的你，千萬不要因為看不到就認定自己什麼事也不能做。既然是你的屋子、小孩，那麼你自然有保護他們的能力。你可以先穩定自己的能場，並透過你的能場規劃出你所要保護的所有物，只要是這個範圍以外的任何事物都請他們全部退駕。那麼不管你看不看得到，你的能場與氣勢就足以清理所有沒有必要的靈體。所以真心地想要保護這個家不受到任何靈體的干擾，最好的方法就是由自身的能場開始做起。同樣的，若是你的小孩相信沒有人可以傷害到他，那麼自然沒有任何靈體可以傷害到他。

沒有人可以一輩子保護自己的小孩，與其散發著「我不知道該怎麼辦」的能場，以及讓你的小孩相信「他是需要被你保護的」，最好的方法是讓彼此都去練習穩定並提升自己的身體、心理、能場自主的能力。雖然說是被靈體干擾，但那跟小孩在學校被人罷凌的意思是一樣的。當一個人清楚地知道自己是誰，知道如何保護自己的時候，那麼不管干擾的是人是鬼，小孩應該都能有應對的能力。不過，因為大多數的小孩仍是從父母身上學習的，所以讓自己不會因為恐懼而變得不知所措，才是給小孩最好的示範。就像面對一個在學校受到霸凌的小孩，你不會叫他什麼都不要做地繼續被霸凌，而是會建議他去報告老師、告訴你，又甚至是打回去，不是嗎？這其實都是在清楚地劃清那個界限。面對靈體時也是相同的道理，明確的界限與自我認知可以更清楚地向他們傳遞你所要表達的訊息，不管你看不看得到。

因此，身為父母的你想要保護自己的小孩，最好的方法就是穩定自己的能場，並藉此擴大你的保護範圍。你可以決定什麼東西可以進來你家，以及什麼東西會被你排除在外。當你的小孩說他很怕鬼而且不知道該怎麼辦的時候，你可以在腦子裡想像自己與那個靈體當面對質，想像自己會如何把這麼一名不速之客請出門。在練習的同時，也可以請你的小孩照著做，那麼等到他再長大一點的時候，自然就不再需要你來保護了。他可以把鬼當人一樣地請出門，而不是一直受到「人鬼殊途」的錯覺影響，而覺得自己什麼也不能做喔。

為什麼靈媒不能給我一個很明確的答案？

對應頻道第 111 集

這麼多年的諮詢以來，常常有人問我：「為什麼靈媒的話感覺很籠統，一點也不明確？」也很常有人質疑：「為什麼你不能直接告訴我，我的真命天子到底叫什麼名字？幾歲？住哪裡？我會在哪裡碰到他？做什麼工作？要是知道他是誰的話，我就直接去那個地方堵他！」更甚至有人會直接要求我告訴他會在幾年幾月幾日在哪一家理想中的公司上班，那麼他就不會浪費時間去投其它公司的履歷表……。這些問題的產生來自於人們總喜歡找捷徑來避免失敗的過程，就連我也不例外。但輪迴真的是一條滿是捷徑的路嗎？今天就讓我來回答各位：為什麼靈媒沒有辦法告訴你一個很明確的答案？

我不斷地強調過：你們的未來其實一直是浮動的。因此在諮詢的時候，我只能依照當下的情況挑選出你們未來當中較好的選項。每個人的未來都會依照他當下的決定而產生改變，當我進行諮詢的時候，我會依照從你的藍圖裡所看到比較好的結果選項，再來推斷現今所要改變的事情來給予建議。所以如果各位可以理解每個人當下所做的每個決定都會直接地影響到自己未來的結果，那麼也就會知道所有的未來絕對都是浮動的。既然如此，身為靈媒的我又怎麼可能給你一個「明確」的標準答案呢？就好比此時此刻的你因為對某個人的感覺很好，就會認定他是你的真命天子，但若是因為成長而有了不一樣的體驗，那麼就算真的是真命天子也會讓你感覺像個冤家，不是嗎？

很多人把理想的工作跟靈魂伴侶當成是人生的終點一樣在努力著，但是這些存在就好比大學文憑，不是什麼事都不做就可以得到，而是必須透過努力與學習經驗去獲得。而且即便拿到了文憑，你還是得要面對你接下來的人生與考驗。理想的工作、靈魂伴侶，就像是這樣的存在，它們不是靠等待就會發生，也不是一得到就不需要再做任何努力。非但如此，它們的標準也會隨著你的成長而有所不同。就好比上大學，很多人可能選擇了一個自以為有興趣的志願，但是學習了一學期之後發現自己並不喜歡這個科系，而想要研修別的科系。也有可能在第三學期又覺得自己更適合其它科系，又或者是回到本科系⋯⋯。其實你們所謂的理想工作、靈魂伴侶更像是大學裡的學科，它會依照你的成長進化以及對自己的了解而有所改變。你曾經覺得好的東西，很有可能過了一段時間後就會改變，甚至是看見它不足的地方。

所以，人們在不一樣的時期去找靈媒，可能會因為自己的成長而得到不一樣的答案。如前所說，這建立在你的靈魂一直在進化，以致於你的未來也會隨之改變。靈媒之所以沒有辦法給你一個標準的答案，是因為答案一直是取決於當事人身上。即便是坊間堅信看得見你的未來的大仙，也是根據你此時此刻的狀況所推斷出來的，一旦你離開後有所改變，當時大仙、靈媒所看見的你的未來也會跟著改變。在這樣的前提下，靈媒會以不易改變的大方向來感應、推斷做為回答的基礎，也因此答案自然會給人一種大概、籠統的感覺。

但這種「籠統」的情況，其實也會隨著當事人對自身的了解、對未來清楚的規劃，以及面對現實、克服恐懼的勇氣而有所改變。由於靈媒本身是透過感應當事人而得到答案的，以致於當事人自身的能場會直接影響到靈媒所接收的訊息。只可惜大部份的人都是以過去的經驗累積來創造自己的未來。如果我們緊緊地捉著過去經歷的那些創傷、悲劇與傷痛不放，活在過去，這樣的傷痛也會同時對宇宙發出「讓相同的事件不斷地重複發生」的訊號。曾經被傷害過的人覺得下一個人同樣會傷害他；被拋棄過的人一直在新的情感裡尋找會被拋棄的證據……。我們的思維只會讓我們害怕的事不斷地發生，進而讓我們更堅定原本就錯誤的信念。**對一個靈媒來說，我們很難去更改一個習慣活在過去的人的思維，更無法去幫你找到你想要**

的未來。因為你會不斷地拿著你過去的經驗來創造出你的未來。即便你的未來還沒有發生，但你此時此刻的每一個信念都是造就你的未來顯相的主要原因。

所以最好的方法不是期望從靈媒身上得到你想要聽到的答案，而是了解每一個當下的重要性，並慎重地思考要如何改變當下以創造出你想要的未來。充實地過好自己的生活，勇敢地面對自己的功課，那麼未來你想要的那個結果必然會發生。你的思維會創造你的實相，充實地過好日子，自然會創造出充實的未來，而不是由一個靈媒來告訴你，你會在哪裡遇到真命天子／女。

總結來說，靈媒接收的資訊在於當事人本身的身心靈狀況。你對於自身的了解可以影響到靈媒所接收到的資訊。再者，在每個人的未來都是浮動的前提下（也就是什麼樣的未來都有可能發生），靈媒不可能會有精準的答案。此外，即便靈媒所接收到的訊息都是相同的，但依據每個靈媒的認知與背景的不同，自然也會有不一樣的見解。你與靈媒之間的不同就很有可能會建立出說者與聽者的不同解讀。你的快樂並不等同於靈媒認知裡的快樂，而你的理想也不一定等同於靈媒的理想。在我這麼多年的諮詢經驗中，最常有人來問我工作、愛情與健康的問題，但光就「有錢」的定義來看，人們就往往不清楚自己要擁有多少錢才稱得上真正的富有。如果一個問題連當事人自己都回答不出來，那麼身為感應當事人的靈媒又怎麼可能回答出這個問題的答案？如果一個連自己都搞不清楚的人，靈媒又怎麼有辦法幫他找到他的真命天子／女？一個一直活在過去的人又怎麼可能創造出與過去不一樣的未來？一個執意站在原地的人，又怎麼可能遇到遠方的夢想？

生命中有很多的鋪陳都是逐步前進的，如果人們可以勇敢地克服自己的恐懼，充實地過著每一天，活出你想要的生活，那麼你一直期待的未來就必然會發生。這樣的信念會遠比一個靈媒有沒有給你「仔細」的解說還要來得重要吧！未來是自己創造的，靈媒之所以無法給你明確的答案是因為那個答案一直掌握在你的手上。你是否知道自己是誰？有沒有活出想要的生活？是否勇敢地面對自己的恐懼？是否有想辦法讓自己成長？這些種種的問題，其實才是真正可以創造出你想要的結果的主要原因喔。

我是否該學習……來幫助我靈修？

對應頻道第 114 集

很常有人詢問我：「我是不是該學些什麼來幫助我靈修和靈性成長？」市面上有很多種靈性相關的管道與課程，像是 NLP、SRT、紫微斗術、占星、人類圖……等等。由於近年來人們開始對靈性產生好奇，因此坊間也有愈來愈多不一樣的課程和工具來幫助人們更加了解自己的靈魂。

特別是在亞洲這種「每個靈魂都帶有天命」觀念下的環境，人們可以透過任何工具來找到自己天命的行為就變得更加合情合理了。

在亞洲，只要進宮廟找師兄／師姐問事，幾乎第一句話就是說「你帶天命喔」。雖然每個人口中的「天命」都模模糊糊的，但這種強烈的使命感也讓人們更急著想要透過靈性的工具，去了解自己的價值究竟是什麼。在外國，鮮少有人會用「天命」來形容自己的價值，多半是用「Purpose of life（人生的目的）」來幫助自己尋找靈魂的存在價值。其實，亞洲所謂的「天命」大多隱藏著需要服務他人的性質，而外國的「人生目的」則多半著重在開發自己的價值。但不管用什麼角度去詮釋，其實都建立在「我是誰？」「我可以做什麼？」的基礎之上。

人們覺得靈修是找到與自己的靈魂接觸的方法，而在普遍的認知下，這些方法大多是跳脫常態、無法用邏輯來解釋的行為。舉凡是靜坐、水晶、冥想、參與宗教、研究靈魂／靈氣……等等，都被視為是可以與靈魂進一步接觸的管道。與此同時，坊間也增設許多讓人們更進一步了解靈魂的方法與課程，這反倒讓大部份的人因為過多的選擇而無所適從。

這大概是我說了上百上千次、大家都能倒背如流的句子了：「基於靈魂的獨立個體性，每個人都會有不一樣的喜好、功課、平台、藍圖，所接觸到的人事物自然也會有所不同。」既然所有的東西都不一樣，那也就是說，每一個人在靈學進化過程裡可以學到、領悟到的也不同。以我來說，我的好奇心讓我什麼東西都想學，對很多事都保有好奇的態度。由於之前高等靈魂曾提醒我「每一個宗教都有其真理存在」，這讓我養成了在不同的事物裡面尋找相同道理的習慣，也因此讓我保持著高度的好奇心，真實地體驗到每一件事都有值得讓人學習的地方。

當然，有很多的時候，人們並不想要浪費自己的時間，更覺得若是沒有辦法從課程中得到新的能力的話，那麼這段時間就是浪費的。但從靈魂的角度來看，沒有任何一件你選擇的事是浪費時間的，即便你花錢上的課程中，所傳授的是你已經知道的事。你還是可以從這個過程中更加印證你對這件事的了解程度，而且即便是已經知道的事，有時候在經過他人的提點與註解之後，反而更能夠激發不一樣的想法，不是嗎？又或者是在經歷這樣的課程之後，你可以更清楚地知道自己究竟了解多少、是否能夠融會貫通。

我發現，人們在靈修的過程裡最常犯的錯誤就是太在乎結果，例如：我會成為什麼？我能得到什麼？是否會因為這樣賺錢？又是否可以得到我一直追求的結果？這種只注重結果的想法，反倒讓我們忽略了過程的重要性。對靈魂來說，**「結果」只是幫我們的人生製造方向，但真正幫助靈魂成長的事，其實都隱藏在每一個跌跌撞撞的過程當中**。也就是說，今天不管你選擇學習哪一項技能，在這個學習的過程中，一定有可以幫助你的靈魂進化的元素存在。猶如生活中的大小瑣事，如果你有面對它們的習慣，那麼在處理每一件事的過程當中，你的靈魂必然也會跟著成長。人只要有心想要學習，生活的各個場域、每一件事都可以是修煉場，更別提那些你們選擇要鑽研的課程。即便是你已經知道的事，也可以有更深一層的了解，並不會是浪費時間。

所以如果你仍然好奇自己是否應該學些什麼來幫助自己的靈魂進化，我的建議是：沒有人比你更了解自己，即便別人再怎麼給你建議，告訴你哪一個課程很好，哪一個方法特別有效……，都遠不及你親身去體驗和嘗試。所以，如果你覺得身旁的建議太多，讓你有點不知所措的時候，建議你先靜下心來，姑且不要理會別人說什麼。好好地問自己，是否有任何你真心想要學習的東西？有沒有什麼是你的靈魂想要知道與了解的？這是你的靈魂旅程，該如何幫助自己走向那條你嚮往的道路，我相信你的答案一定會浮現。

如果你的心有那麼一點點的悸動與渴望的話，那麼就去學習吧。不管結果是什麼，相信你在這條道路上一定會有所成長，那麼也就一定會得到你要的收穫。請記得，靈魂注重的不是結果，而是過程。在過程中所遇到的人事物，都是促使你靈魂修行的主要元素。你的未來不該是由我這個靈媒來決定，而是應該掌握在你自己的手裡。我也相信你們的靈魂導師一定會用最適合你們的方式將你們推向正確的軌道。所以不管是什麼，只要你喜歡並且願意用心去學習，你就一定可以從中得到進化，成為你的靈魂所嚮往的樣子。

＊編按：溫馨小提醒，現今坊間心靈成長、自我實現等活動及課程繁多，參與前請謹慎分辨選擇。

水晶的作用

在這個章節，回答幾個與「水晶」有關的問題。

對應頻道第 125 集

問一：水晶的作用為何？近年開始接觸水晶，無論是坊間的靈性治療，或印象中東方或西方的占卜術都會出現水晶球，想請問版主對水晶的看法。

答：在我多年的靈性旅程的觀察中，水晶的作用就跟一般我們所接觸到的礦物質很像。它可以過濾、強化某種特定的能場，也有凝聚能量的功能。你可以用它來幫你做特定能量的清理，也可以使用它來幫你收集某種特定的能量以強化某個較弱的區域。這是為什麼我說水晶與其它礦物質沒什麼兩樣的主要原因。所以，不是每個人都需要水晶，也可能會依照個人的需要而選擇不同的水晶。

由於水晶有強化特定能量的功能，所以我覺得古時候較為敏感的靈媒（無論東西方）會透過它來讓自己的能力更專注。因此，靈媒並不是在水晶球裡面看到了未來，而是透過水晶的凝聚力而更專注地看到未來。是說，在電影鏡頭中，擺顆水晶球看起來就比較有戲劇性吧？要不然如何用視覺來詮釋靈媒看得到影像這件事呢？

此外，水晶的大小可以決定它的影響力大小。假想水晶具有放大鏡的功能，若是有人對於自己某個特定的能力感到沒有自信，那麼他很可能就可以透過水晶的功效來放大／淨化那樣的能力，水晶在這個時候可以幫助使用者凝聚專注力。還有，通常水晶放大的是你本來就有、但不顯著的能力，而不是你想要的但沒有的能力喔。

對於不是特別敏感的人來說，我覺得水晶最基本的功用在於過濾你的能場。一個人身旁的能場會因為他那一陣子所經驗的事情／心境而產生變化，若是生活中有讓他迷惘或沈重的事件，那麼他們的能場就很有可能會出現黑色或白色的混色。這時候就可以配合客戶的原本色彩，尋找適合顏色的水晶去幫助他們過濾掉那些能量。例如，一個原本是藍色的人周遭出現了太多的黑色，這可能會讓他這一陣子感到格外地憂鬱，這時候可以試著用淺藍色去淨化大部份的黑色能場，再用適合的藍色去恢復他原有的能場，這都可以讓他們慢慢感到比較順心。有習慣將水晶帶在身上的人，若不是身旁有比較重大的事件，平時應該也會有較平穩的情緒。

問二：有些靈媒會說一般外面買的水晶會有混亂的能量訊息與磁場，需要淨化或做特別的啟動能量儀式，這是真的嗎？

我覺得水晶的磁場受到外在混亂的能場與訊息影響的可能性是很大的。水晶本身有濾化功能，不但可以強化特定能力，也可以凝聚能量。雖然同樣的水晶可能會有很多人觸碰過，但最容易影響水晶能場的還是賣方。因為賣方的能場會不斷地對他所販售的物品產生信念，直接地影響到水晶，因此，能場不錯也懂得維持的賣家，通常他所販售的水晶質量也會比較好。我曾經去過很多水晶店，有些店家只是換了個老闆，所販售的水晶質量就大打折扣喔。

此外，如果你不太確定自己所購買的水晶能量究竟是好是壞，其實有個很簡單的處理方法。那就是買回來之後用水清洗，也可以在水裡面加一點海鹽來強化它的能量，然後拿到日光／月光照射得到的地方放置24～48小時，然後再用同樣的方法洗一洗之後，你就已經淨化它的能場了。這個舉動像是水晶的重設鍵，也類似把空氣濾淨器裡的濾芯拿出來清洗一樣。

此外，判斷水晶的能量就跟穿戴銀飾是一樣的。和你對應的水晶在光澤、顏色上都會更顯清澈，而收集過多不好的能量、需要淨化的水晶就會顯得混濁，失去原有的光澤。水晶通常會像銀飾一樣，呼應你身上的能場，你可以透過觀察它的顏色光澤來判斷自己現階段的能場是否需要清理。

至於水晶要怎麼選？市面上大多為特定的顏色加諸了意義，諸如：粉紅色代表愛情，黃色代表財運……等等，雖然方便市場商業銷售，但若從靈魂具有獨立個體性的層面來看，每一個人所需要的能量都是不同的，而且也沒有人的能場與靈魂會一輩子只維持一種顏色，因此在這個前提下，我建議各位聆聽自己內心的感覺，選擇你覺得當下最吸引你的顏色就可以了。如果過一陣子你發現自己喜歡另一種顏色，那就跟隨自己的喜好去購買吧。這也可以幫助自己在靈性的路上變得更敏感、更有覺知。沒有人會對同樣的水晶產生完全相同的反應，所以選擇水晶的時候，儘可能地挑你喜歡的就行了。

問三：水晶的形成過程中，具有水的成分，那應該每個人都能投注好的一面到水晶裡，並改變風水吧？

答：每一個人的確都可以對水晶投注好的意念與想法，讓它產生那樣的功效。也可以透過它所產生的功效來改變風水。舉例來說，大家應該都有聽過「幸運石」吧！就是拿一顆石頭來假想它會為你帶來幸運。當你每天都對它投射這樣的能場時，慢慢地你會發現它似乎會帶給你幸運的能量。這情況其實在現實生活裡也經常發生，就像那支每次考試都會通過的筆、那條每次面試都會錄取的領帶，那副每次戴都會有小偏財的耳環等等，這些全都是能量聚集所創造出來的產物。水晶在此的功效，與這些你生活中所創造出來的幸運物是同樣的。

問四：我想要天眼珠，可是又擔心買到假貨，要如何知道天眼珠跟水晶哪個適合自己呢？

答：如同前述，若是這樣東西吸引你的話，那就去買吧。因為你的靈魂會在特定的時期受到不同水晶的吸引，而你的靈魂導師會知道什麼是最適合你的。至於如何判斷真假？我會建議你運用靈魂的三秒直覺，閉上眼睛好好地做一下深呼吸，然後去注意睜開眼後的第一個回答是什麼，因為那很可能就是你在尋找的答案。適合你的水晶會與你的能場產生和諧的互動，你可能會覺得手溫溫的，也可能會感覺到一股平靜。不過，選擇水晶時，最好身旁沒有太多閒雜人等的聲音，以避免擾亂你的判斷。

問五：琥珀是水晶的一種嗎？

答：不是。琥珀是樹液所製造出來的，但由於同樣是自然元素的關係，所以也有凝聚能量的功能，只不過在淨化上，可能沒有像水晶一樣的功效。

鬼是否可以移動東西？如何知道內在靈魂要什麼？

對應頻道第 126 集

問一：鬼有能力移動物品嗎？像是移動玩偶或是讓玻璃破掉之類的。如果可以，是為什麼呢？

答：在宇宙之下，不管有無實體，所有的存在都是一種振動。一個靈魂如果可以集中或是改變自己的振動頻率，那麼他的頻率就可以影響到另一個相似的振動。這個原理跟聲音可以震破玻璃的意思是一樣的。也就是當聲音到達某一種頻率的時候，就會使得玻璃破裂，而鬼可以讓玻璃破碎也是同樣的道理。在凡事都是振動頻率的定律下，一個人的情緒起伏與意念的集中都可以改變振動。透過了解身旁的能場振動，再藉由動機去主導振動的動向，又或者是運用任何可以收集能量的元素（例如金木水火土）來操控身旁的振動，這些都是鬼之所以可以移動任何物品的原理。通常鬼在沒有身體以後，由於缺少了邏輯所產生的矛盾，會使得靈魂可以在較少阻礙的情況下去改變並直接影響振動頻率。也因此，祂們可以改變物質的位置，或者是使玻璃破裂。如果想要更清楚的解釋的話，去詢問物理專業人士，他們應該可以給你更為詳細的解說喔。

任何靈魂在懂得操控自己的振動的情況下，都可以改變任何物質的存在方式。例如用意識使湯匙變彎，或是個人能場的正負面受到彼此影響也是同樣的道理。同理可證，如果我們懂得操控自己的能量，自然就可以影響到其他人事物的頻率振動。

問二：要怎麼知道自己是見鬼了，還是眼睛花了？

答：坦白說，我不知道該怎麼回答這個問題。看不看得到鬼跟看不看得到天使一樣，全都是建立在自己的信念背景之上。看不看得到，自己最清楚了，但是基於自己的信念決定結果，你很可能在看到後會立刻對看到的東西做出解釋，你也很可能會毫無感覺。總之，找自己最舒服的解釋就行了。

問三：在靈魂擴大和學習的過程中，如何知道內在靈魂要的是什麼？而不會一直拉扯。

答：很多人用剝洋蔥來形容尋找內心的過程。不但需要一層一層地去解剖，在追求內心的自我時也像剝洋蔥時一直掉眼淚。尋找內心的自我，就等於你在尋找自己內在的靈魂要什麼，需要一層一層去探索。我可以給大家最好的建議，其實是勇敢地面對你內在的恐懼與批判，因為你的恐懼都會導致你在現實生活裡擺爛、逃避。而這些行為才是導致人們愈來愈失去自我的主要原因。所以對於生活中那些你不想要面對、反射性就是想要逃避的事情，我建議你們可以試著一件一件地拿起來做。不要期望自己在一開始就能有所突破，而是按部就班，一小部分一小部分地做。因為唯有在面對自己的缺點、恐懼的時候，你才有辦法更深入地了解自己要的究竟是什麼。每當你處理完一件事情之後，你的肩膀就會少了一份重量而多了一份勇氣。慢慢地你就會在沒有任何壓力的情況下，找到自己靈魂真正想要成為的模樣。

勇敢地面對那些你害怕去面對的事，才有辦法讓你的靈魂進化。記得，不是透過指正他人的對錯才會讓靈魂進化。因為每個人都有屬於自己的旅程，你的個人觀感並不一定適用於他人身上。「我為什麼會害怕做這件事？」「我為何不敢把事情說出來？」……，諸如這般對於恐懼的叩問，都是你可以練習面對恐懼的機會。當有你有勇氣去面對以及處理這樣的事情時，你也會在當下解放你的靈魂，讓你的大腦慢慢地與你的靈魂產生共識。能夠透過練習學會誠實面對自己內心無論好壞的真實感受，而不是總是受到外在環境影響，這都是可以幫助你更加了解內在靈魂的重要步驟喔。

問與答：像我一樣敏感的小孩

對應頻道第 130 集

在我的記憶裡面，我是一個長時間待在醫院裡的小孩。但老實說，我並不知道自己生了什麼病，只知道小時候很常發燒，一發燒就必須要到醫院打點滴。有一次在母親難得拜訪的時候，我終於有機會好好地問她自己究竟生了什麼病，但沒想到母親給我的回答竟是：「你天生就是個貴氣的小孩。舉凡婚喪喜宴、廟會、搬家或蓋房子，你都會發燒。有些時候甚至什麼事也沒有發生，只是過了淩晨十二點，你就莫名奇妙地發燒。」所以我就這樣莫名其妙地成了一天到晚跑醫院的小孩。雖然這一點都不是我期望的答案，但是也藉由這個小故事來回答大家幾個關於敏感小孩的問題。

問一：為什麼感覺這種情況好像只有在台灣發生？

答：這不是只有在台灣發生的事。由於外國人不習慣討論任何靈性話題，以致於當小孩有任何不舒服的情況，他們會很快地用醫學的角度去解釋。最常見的可能是解釋為胃腸型感冒，因為這種感冒大多只有一天的反應。一般就算受到靈性影響也不會超過三天。相對地，因為台灣有這樣的信仰基礎，所以當小孩子因為莫名的因素而突然發燒的時候，人們會根據自己的思考模式與信仰，很快地將這種沒有源頭的反應解釋為「卡到陰」。所以事實是，到處都會發生這樣的事情，但依照文化的不同會有不一樣的註解，由於亞洲文化會用靈魂的角度去解釋，才讓人產生「這種事情好像只有在亞洲發生」的錯覺。

問二：為什麼敏感的小孩卡到陰好像都是發燒？還有，為什麼這樣的事情很常發生在小孩子身上？

答：其實敏感的反應不只有發燒，還有很多不同的徵兆。它取決於你的靈魂對外在元素的抵抗力有多少。有些人可能只會感覺到短暫的暈眩，有些人則像感染病毒般的難受。但一般等到靈魂調適了身旁的波動之後，就可以恢復正常了。只不過因為發燒很可能與生病有關，所以尋求醫療協助的舉動也比較容易引起注意。此外，大家應該知道發燒的原理，人體因為病毒的入侵，所以免疫系統會集中於對抗病毒，而導致身體產生發燒的現象。靈魂的狀況也是相同的概念。當你習慣的波動中，突然有不同的波動進來時，你的靈魂會試著啟動所有的感官來保護你，以致於你的身體也會產生發燒的反應。

至於為什麼很常發生在小孩子身上？我之前有提過，一個靈魂從一出生到與身體做完全的連結，需要至少五到七年左右的時間。這個階段的小孩由於還沒有完全地適應自己的身體，導致他們對外來物／波動會特別敏感。當身體排斥外來波動的時候，就會產生發燒的反應。

問三：當有很貴氣（敏感）的小孩子，該如何處理和應對？

答：如果你家有貴氣的小孩，那麼身為父母的你們就更需要去維持家裡的平衡。我曾經說過一個家的能場、氛圍、能量、甚至是地基主，都是取決於屋主的個性。如果你家的小孩很貴氣，那表示他很容易受到能量振動改變的影響，所以儘可能地維持情緒的平穩與家庭和諧是很好的方法。

除此之外，你也可以透過淨香、薰香、精油來清理家裡的能場。我個人建議盡可能選擇木質精油（諸如雪松木、紫檀木或者是檀香木等等），由於它們的振動較沈穩，所以可以幫助穩定敏感小孩的能場。此外，家裡封閉的空間以及過多的雜物也容易製造混亂的振動，你可以試著透過整理廢物、雜物、負面能量、維持家裡明亮的採光和通暢的空氣來改善。

當敏感的小孩生病，與其一味地試著解決外在的環境，最好的方法是教育他們穩定自己的能場。因為一旦他們的能場夠穩定，那麼他們就不容易因為外在環境波動而有任何反應。我與我的小孩都是大家口中的「敏感的小孩」，通常在他們開始感到不舒服，又或者情緒上有波動的時候，我都會教他們專注在自己的呼吸上面。鼻子吸氣，嘴巴用三倍速慢的速度吐氣，然後重複同樣的動作三到五次左右。通常這個簡單的動作可以幫助他們平穩自己的情緒，也可以穩定他們的能場。是說，如果你試了一切，但你的小孩仍然發燒不適的話，請記得一定要帶他去看醫生喔！因為不是所有的發燒都是卡到陰，就像不是所有的發燒都是腸胃型病毒喔。

我的靈媒旅程：我的外婆

對應頻道第 142 集

即便在這麼多年後，我還是覺得我的外婆在我的靈性旅程裡扮演了一個很重要的角色。她應該算是我的靈媒體質的啟蒙老師吧。這不是說我的靈媒能力是她給我的，而是透過她，我才意識到自己原來有靈媒體質。

我們小時候長大的環境，就是那種馬路彎進去的大巷子，街頭巷尾的每戶人家幾乎一早就會聚在一起邊工作邊聊天，左鄰右舍的小孩子們也都會玩在一起，整體來說比較像是人們記憶中眷村的模樣。通常大家絕大多數的時間都會待在外面，一直到晚飯時間才會各自回家。

我記憶最深刻的是：當時我的外婆年紀其實有點大了，或許是因為飯也不能吃，話也不能講，行動又不方便的緣故，所以她大部份的時間都坐在門外的藤椅上，看著街上的小朋友玩耍。後來有一天，我發現外婆不再坐在那張椅子上了，但卻不清楚她到底發生了什麼事，因為當時大人們總是很忌諱跟小孩討論死亡的話題。

再一次見到外婆，是在喪禮的法會上。會前有許多法師們誦經唸佛，親戚大人們紛紛聚在前方哭泣，而所有的小孩子則是聚在後方，被人打著要把眼淚給逼出來。對於當時才四、五歲的我來說，我真的不知道自己究竟在哭什麼、又為什麼哭？特別是當我還看得到外婆坐在熟悉的藤椅上。那時外婆的臉色看起來顯然比之前好了許多，跟我對到眼的她甚至還笑著揮手示意我不要講話。我雖然乖乖地聽她的話，但還是不知道這個喪禮究竟是為誰辦的。只見那些原本對外婆苛刻的親戚們，這會兒全都演足了戲，真的讓人嚴重質疑這個場面究竟是要演給誰看?還有,印象中的鬼應該是透明、無色,又或者是沒有腳的漂浮物才對呀,但那個時候的外婆跟記憶中的樣子真的沒有什麼不一樣,就只是顏色有點不同罷了。

我當時一直試著想要告訴母親說外婆就坐在那裡,但我卻一直被指責不要亂說話。也是因為這樣,我開始意識到並不是所有的人都看得到她,也開始了解這場喪禮原來是為了外婆辦的。因為外婆的關係,我也開始意識到我看到的不全然都是人。就像那個每次都會坐在外婆床上,我還以為是她很好的朋友的叔叔,之後在一次清明節祭拜時才發現原來是走了很久的外公。還有那個每天晚上都蹲坐在燈柱下的阿伯,我還以為他是在等女兒回家,之後才發現他也已經走很久了。這些鬼一反我們對鬼的認知,全都是人模人樣的,也難怪年少無知的我根本不知道自己看到了什麼XD。

所以在我不懂事的四、五歲腦子第一個體會的靈媒經驗就是:不是所有的人都看得到我看得到的東西。所幸在這之前我所見到的都是善良的鬼,所以並沒有真正地被嚇到過。而讓我發現自己看到的原來是鬼的對象又是外婆,就更減輕了人對鬼理應產生的恐懼。由於是一直熟悉的「人」,

所以就更不知道該怎麼害怕。也因為這樣，讓我更有機會去了解與觀察它們的存在。

也因此讓我發現人們真正害怕的其實不是「鬼」，而是未知的恐懼。特別是小孩子的情緒很容易受到大人的影響，所以很多時候他們並不知道自己到底真正害怕的是什麼，而是因為身旁的人怕，所以自己也跟著怕。所以我第一個見鬼的經驗（或是意識到原來我看到的是鬼的經驗）其實也不是很糟。唯一糟的地方就是完全沒有人相信我，也沒有人看得見我所看到的。之所以之後並沒有發展出對鬼的恐懼，我覺得那跟我所接觸的鬼都是善良的有關。在這之後雖然還有很多次遇鬼的機會，但也在與他人的分享之中，慢慢地可以區分人與鬼之間的差別，進而知道什麼該講，什麼不該說。也因為感受到人們對鬼的恐懼，導致我之後就乾脆什麼都不說。

今天透過這個分享來給大家一點小小的建議。若是你的小孩也像我一樣有敏感體質，最好的方法不是立刻否決他們所說的話，而是花點時間觀察他們說話的眼神是否有對焦。憑空捏造的故事會讓他們的眼神飄乎不定，但是看得到的小孩，眼睛會不自覺地望向他們看得到的東西。除了立馬否決之外，有些時候父母會過度期望小孩可以解釋所有他們看得到的東西。還請各位父母稍微體諒一下，一個四五歲的小孩連表達能力都不完全，根本不可能仔細地說明自己看到或是感覺到什麼。另外還有些狀況是因為父母過大的反應，無論是過度恐懼或興奮，都是影響小孩誇大或是編造故事的主因。但是說真的，小孩子的心性不像大人那麼複雜，所以單就觀察他們眼神的對焦點，其實就很好分辨。更重要的是，以平常心去面對才是對小孩最好的處理態度。

今天透過這個章節來跟大家聊聊我靈性旅程的開始。原以為我的靈性旅程應該是從我被高靈折磨的那天開始，但現在想想，應該是從第一次發現自己看得到鬼的那一刻就已經開始了吧～XD

我的靈媒旅程：鬼屋

對應頻道第 146 集

我的小時候蠻常搬家，母親幾乎每年都會搬一次家。所以在多次搬家的經驗當中，我們也難免會住上一兩間人們口中的「鬼屋」。但由於我對鬼並沒有不好的體驗，所以即便是住到鬼屋也不覺得是什麼大不了的事。更不用說我所知道的鬼都長得跟正常人沒什麼兩樣，只是顏色褪了些，而不是鬼片裡那種血腥模樣。就算到了鬼多的地方，我也鮮少感到陰森，就只是覺得擁擠了一些罷了。不過，小時候我曾因為碰到一些鬼而生病，所以遇到時會反射性地想要躲開，儘可能地不要碰到他們。不熟的人不知道我到底在躲什麼，其實就是怕自己人鬼不分，又讓自己生了病。現在想想，靈媒體質的我，小時候真的有種種怪異的行為舉止，現在能這麼侃侃而談也算是做足了自己的功課。

這一篇文章來跟大家聊聊我從小到大所待過的「鬼屋」。我們曾經住過台北市中心的商業大樓十三樓，大樓裡學英文的學生們放學後總是習慣性地往十三樓跑，因為他們把這件事當作鬼屋探險。即便我們不認為自己住的是鬼屋，但我們所居住的房子卻是學生們口耳相傳的鬼屋。

當時我們的房子像是天台上加蓋的違章建築，照理說陽台應該屬於整棟大樓的住戶，但因為進出陽台需要先經過我家，所以到最後整個天台的空間都是我們在使用。我們居住的地方是遠近馳名的鬼屋，住在那裡的時候，家裡的確很常發生怪異的事。那時候，客廳到飯廳的走道很長，走道上有一整面看得到整棟大樓電瓶器的玻璃，而廁所就剛好在走道的正中間。走過飯廳後就是各個房間，而我們的房間是加蓋在二樓，類似日本榻榻米的格局，有一整面可以俯視陽台的玻璃牆。

小時候我其實不敢一個人睡覺，因為只要一閉上眼就會有一男一女坐在我的身旁聊天。雖然說我小時候對鬼的印象還不錯，但每當睡覺就有人在你耳邊說話真的讓人很難入睡，即便我用被子捂著頭也阻隔不了他們的聲音。唯有人多的時候這樣的事情才不會發生，害我每次都要等到有人想要睡覺時才能跟著一起睡。

此外，不知道各位有沒有半夜想要上廁所的經驗？每每只要去上廁所，倒映在走道玻璃上的人永遠不是我。我不知道那個女孩是誰，但我很確定她不是我。導致我每次上完廁所之後，都會因為這個影像又想再上廁所，所以會養成憋尿的習慣也是理所當然吧？不過坦白說，我雖然當時膽子小很容易被嚇到，但我所見過的鬼真的從來沒有做過傷害我的舉動。

說起「嚇到」這回事，在這之前我所謂的「嚇到」都比較像是被不預期、突然的行為／影像給嚇到，鮮少被鬼的長相給嚇到。唯一的一次，大概就是有次在趕暑假作業，寫完作業已經是凌晨兩三點鐘，我準備在靠窗的位置躺下睡覺時，卻從窗外看到天台上有人在散步。那時候我心裡還想：有誰會在這麼晚的時間闖到私人住宅裡散步？這時就看到那個人朝我的方向慢慢地走來，而後眼神與我對上。緊接著她就慢慢地從一樓散步到二樓來，與我面對面不到一呎的距離互相照了面。雖然我們之間隔了一層玻璃，但我卻清清楚楚地看見她的臉。即便我們四目相接的時間不到幾秒，但她滿臉是血的笑容卻是我一輩子忘不掉的。也是在那之後，我開始對鬼產生非常不好的印象，也超級討厭與他們「近距離」的接觸。但說真的，那個女鬼什麼事也沒有對我做，我真的只是被她的長相嚇到了。

在那之後不久，我們賣掉房子，開始了不斷搬家的旅程。或許是因為對自己能力的了解，所以每次媽媽要跟哪個屋主簽約時，我們都會建議她先讓我們去查看一下屋子的「狀況」。只要是我和姊姊都覺得不對勁的地方，我們就會建議母親不要租。然而有一次，我媽因為急著簽約而沒有讓我和我姊去「勘查地情」，我們因而搬到一家座落在鐵路邊的房子。老實說，我在那之前還從沒有住過這種白天只要沒開燈就暗得伸手不見五指的房子。更神奇的是，屋子裡的每一個房間都被不一樣的鬼佔據，簡直就是名副其實的鬼租房。去洗澡的時候有人盯著你，去媽媽房間裡會看得到有女人坐在梳妝台前，去主臥室的廁所會看到窩在浴缸裡的人，而坐在客廳又看得到一個小男孩跑來跑去……，一屋子的鬼！明明家裡就這麼小，能擠得下這麼多鬼也真是開眼界了。而短暫居住在這棟房子的六個月，也恰巧是我家運勢最低落的六個月。

所以各位好奇我到底有沒有住過鬼屋？答案是有。但是在不懂事的年代，我只有被嚇的份。現在懂事之後，至少知道該如何處理他們。但就如同我之前說的，除了那個近距離接觸的鬼的長相有嚇到我之外，我對鬼真的沒有不好的感覺。更重要的是，他們也從來沒有試著傷害過我。

我會說百分之八十的鬼都是很正常的，只是顏色有點跳Tone罷了。至於走路也鮮少是用飄的，大多是一般人走路的樣子，只是偶爾會遇到幾個喜歡惡作劇的，才會刻意裝神弄鬼。重點是只要你比他們凶的話，一般他們是不太敢越矩的。

所以我覺得以靈媒的視角來看，「鬼屋」不該是個讓人害怕的名詞，但如果鬼的存在真的影響到你（或你的睡眠品質），那麼那樣的房子或許不適合你居住。但是大部份的鬼都是善良的，好好地說，還是會還給你空間的。就如前面所分享的，那些鬼雖然有讓我嚇到，但沒有一個真的想要傷害我。以平常心對待其實是最好的，能場強大的話也自然不容易受到他們的影響，此外，坊間也有很多的工具可以幫助你們清理屋子裡的不速之客。但重要的是，如果你自己感覺不對，那就搬家吧，不用勉強自己去跟鬼和平相處喔。而看不到也感覺不到的人，也不需要庸人自擾喔。

我的靈媒旅程：不是所有的鬼都是邪惡的

對應頻道第 150 集

我相信所有的靈媒一定都有很多鬼故事可以分享。特別像我這種從小就看得到鬼的人來說，鬼故事幾乎跟日常生活沒什麼兩樣。但或許是因為我發現分享鬼故事會引來身旁的人異樣的眼光，所以我就算看到，也不太敢告訴任何人。所幸到青少年的時候，我從看得到鬼變成只感覺得到鬼，這頓時讓我覺得生活品質改善很多。雖然到二十幾歲時又再度看得到，但其實我很感激自己有一段「看不到」的日子。

如果你自己或是你身旁有靈媒體質的人，也經歷這種原本看得到，但突然之間看不到的情況，這都是正常的喔。因為靈媒體質本來就是天生的，也是屬於本能的一種，只是在成長的過程中可能不再需要這樣的技能，所以會自動關閉。但如果你是進入到青少年時期，約莫十四、五歲左右就突然看不到的話，這是因為荷爾蒙發達，以及這段時間你的腦激素原本就會比正常人還要活躍的緣故。這段時間人們會嘗試各種探索，甚至是尋找伴侶、成家立業等，這是這種感官會暫時被關掉的緣故，要不然那只會更加地混淆你的判斷。但也不用太過於擔心會永遠失去這樣的技能，既然這是天生的，大多會等到你的生長激素驅向平穩時再度恢復。一般約莫在二十五歲左右。

或許是受到影視節目和民間渲染效果的影響，大部份的人都覺得鬼應該是血流滿面或是陰陽怪氣的存在，但其實他們的長相跟一般人沒有什麼不同，唯一的差別就是他們的色彩飽和度少了約莫百分之二十五，也就是身上少了一點血色。除了有幾次真的被他們的長相嚇到的經驗之外，我會說大部份的鬼跟我在路上看到的路人甲乙丙丁真的沒有不同。所以透過這個分享，只是想讓大家知道並不是所有的鬼都是很可怕的。

我印象最深刻的一件事，是十幾歲在木船打工的時候。「木船」是一間民歌西餐廳，當時整個內部裝潢是類似海盜船內用餐的感覺，其中有一道木製樓梯直上二樓，營造出那種在甲板上走動的感覺與聲音，也方便樓上的服務生可以聽到客人上樓。有一次我在大白天打掃樓梯的時候，聽到身後有客人要上樓的聲音。由於樓梯很窄又只夠一個人通行，所以我反射性地側了身想讓客人通過，卻沒有想到這個動作反倒讓客人嚇到而整個人跌下樓梯。重點是我還聽得到一階一階地跌下樓梯的聲音，就連一樓的地面都有重摔的聲響。那聲音之大，讓樓上的服務生都一一趕過來看看發生了什麼事。原本他們以為是我摔下樓，但我人就好好的站在他們眼前。他們反射性地問我到底掉了什麼東西，為什麼大聲得像是有人跌倒一樣。這讓當時的我真的很難回答，大白天的⋯⋯難道要說是一個笨鬼掉下去了嗎？XD

還有一次在湖邊走路，我感覺到身後好像有個小孩跟著，那個時候還以為我的小孩要悄悄地找機會嚇我，所以我按捺著笑意，急速轉身想要反將他們一軍。但是沒想到自己什麼人也沒看到，反倒是聽到有人掉進湖裡似的大水花聲。原本還以為自己是不是真的把那個小孩嚇到跳水了，但是看了半天也看不到任何人影。這不禁讓人覺得怎麼有鬼會反應這麼遲鈍，要嚇人反被嚇到？雖然我們的印象中，鬼都是飄來飄去的，但這幾個故事應該可以讓各位知道，其實還是有好好走路的鬼吧？XD

說這幾個小故事只是想跟大家聊聊天，希望各位以另一種角度去思考。總有一天，你我都會變成人人口中害怕的「鬼」。靈魂的本性不會因為你的身體死亡就改變的，善良的人死後還是善良的鬼，有點傻傻的人死後也還是傻傻的鬼，你所害怕的鬼其實就如同你身旁認識與不認識的人一樣，善良的還是佔大多數。所以不要老是以恐懼的方式在害怕鬼，因為他們也曾經跟你一樣是個善良的人喔。

問與答：當靈媒預知他人的死期時是否應該告知？

對應頻道第 145 集

問：

當靈媒預測到某個人的死期時，是不是應該告訴當事人或是他的家人？我覺得除非那個靈媒有解決方法，不然這樣的訊息只會徒增更多的恐懼。所以即便有預知別人死亡的能力也應該選擇絕口不提才對。版主認為呢？

答：我沒有辦法替所有的靈媒說話，只能依照我個人的觀感來分享意見。我相信有些靈媒之所以會告知，是希望當事人與身旁的人可以多珍惜彼此的時間。但就我個人觀感來看，我也覺得告知死亡時間是沒有必要的。我會這麼覺得是因為我們的未來都是浮動的。靈媒所能看到的未來，取決於此時此刻的你，所以如果你有任何信念的轉換，都會影響到未來結果的改變。也就是說，靈媒告訴你的「未來」，是在任何內外在環境都沒有受到改變的前提下，最有可能會發生的結果。因此就算靈媒再怎麼精準地預測未來，未來也會在當事人意念轉換的情況，產生不同的結果，無論這個意念的轉換是好是壞。所以，「沒有人的未來是絕對的」是我覺得沒有必要分享「死亡時間」的第一要素。

第二個要素是「人們普遍對死亡還是有恐懼的」。這建立在人們對於死亡的不了解，以及對於未知世界的恐懼。在一般人的心裡，「死亡」就代表結束。在那之後所發生的任何事都是人類的思考邏輯沒有辦法探索的領域。所以即便網路上有很多個人瀕死經驗的分享，抑或是宗教經文裡有許多對死後世界的註解，但在凡事必須眼見為憑的科學理念下，人們對於死亡還是處於想知道、以為知道，但不認為自己真的知道的恐懼當中。如網友所說的，知道了自己的死期只會讓自己更加地煩惱，因為自己完全沒有「解決死亡」的辦法。這也是為什麼大部份的人即便得到了這樣的資訊，也會想要辯解這樣的事情不可能發生。有些時候，承認了這樣的事情會發生，其實也間接地表示自己要去面對人生一直以來逃避的問題，不是嗎？

所以基於以上兩個要素，我其實不喜歡向任何人宣告他的死期，因為人們對未知還存在著強烈的恐懼。就像跟看不到鬼的人說有鬼跟著他的意思是一樣的。在這種情況下，就算這個答案是真的，他們也沒有解決的方法，不是嗎？但如果有解決方法的人是我，那有沒有告訴對方的必要呢？

沒有靈媒可以宣告絕對的未來。不管那個靈媒宣稱自己多厲害，前提都是建立在你願意相信他多少，又是否願意維持生活的一成不變。我個人比較喜歡的做法是幫客戶尋找 Alternative。所謂的 Alternative 就是在未來的各種結果裡是否有比較好的選擇。其實大部份的人在還沒有去找靈媒以前，就多少知道自己的未來會是什麼模樣，之所以找靈媒往往是想知道自己的未來是否有更好的選項，抑或是那個自己感知到的較好選項是否有成真的可能。通常沒有人的死亡是可以預測的，但在死亡以前所需要面對的功課卻是必然的。今天要選擇帶著遺憾而離開，還是做好自己的功課舒心地面對僅剩（或是加碼）的時間，那對我來說才是更重要的事。

但是說真的，我覺得不管靈媒是否要告知死期，每個人都應該用「死期將近」的態度去看待人生。因為人在死亡將近時，會比較願意去面對內心的恐懼，去正視自己的問題。會願意對自己好一點，也會對身旁的人寬容一點。死亡雖然是人人逃避的問題，但卻也是最可以讓人們正視內心問題的楔子。人們總是帶著僥倖的心態在面對死亡：反正還有時間，等有空再去陪伴年老的父母。因為還有時間，所以不需要表達自己有多愛對方。但是有多少人等到那個親愛的家人去世了，才後悔自己沒有時間陪他，沒有好好地開口說話？又有多少人曾經在我面前哭著說「我還有好多話想要對他說」。

知道死期真的完全是件壞事嗎？有些時候勇敢地面對死亡，反而可以讓你更快地去面對自己真正害怕的事情。很多客戶來找我諮詢時都不斷地重複著：如果我早知道的話，那我就會多花一點時間陪他／好聲好氣地說話／不會做這樣的事。而你所不想知道的「死期」不正是那個「早知道」嗎？

所以如果不想讓靈媒來判決死期的話，那就把自己的人生過得像是死期將近的模樣吧。那會讓你更懂得去珍惜重要的人，也會讓你更專注在重要的事情上面。不要等到真的發生了，才來後悔自己沒有辦法「早知道」。希望大家都能夠好好地珍惜每一個當下，而不要將時間浪費在擔心自己的死期之中。特別是當你懷疑這個重要的人有可能離開的話，那麼不管有沒有靈媒告知死期，都請珍惜相處的每一刻，不要讓未來的自己有任何後悔的機會喔。

Chapter 3

輪迴課程和無止盡的比較

不要讓任何的靈／光／天使／神明來經營你的感情生活

對應頻道第 101 集

在多年的諮詢經驗裡，我常遇到客戶去拜宮廟或是算命的時候被告知他們的真命天子／女是誰，以致於相信自己必須跟那個人在一起。抑或是透過光或天使的訊息得知自己和某一任前任是命中註定，必須跟他們重修舊好。這樣的事情不勝枚舉，但總之都是透過靈體／光／天使／神的指引來決定自己的情感走向，甚至是試圖說服我，他們接收到的訊息有多麼地正確。

當人們接收到這樣的訊息時，內心總是不自覺地產生糾結。即便他們的腦袋清楚地知道自己與那個人並不適合，但是內心卻還是會開始產生矛盾，甚至懷疑自己當初的離開是否是個錯誤的決定。

在遇到這樣的情況時，我往往會建議客戶們不要對這樣的訊息太認真，因為訊息很可能會受到傳遞者本身的主觀意識影響而有所扭曲。可惜他們往往會認為這只不過是安慰他們的話。有些時候甚至會不斷地與我辯論，試圖說服我他們所接收到的訊息有多麼準確。

我曾經說過，每一個靈媒如何詮釋他們所接收到的訊息與他們個人的身份、教育、背景有很大的關係。同樣的訊息對不一樣的人來說或許會做出不一樣的註解。在別人眼裡的命中註定並不一定等同於你個人認知裡的命中註定。若你真的覺得自己應該跟那個人在一起，那你應該做的不是將精力浪費在跟一個不相干的靈媒爭辯，而是想辦法與那個人實際地相處，並身體力行地去印證這個結果究竟是不是你所期望的。但是如果你一味地將主導自己人生的權力交給那些神明／光／天使／高靈，因為他人說的一句話而違背自己的感覺去跟一個人在一起，這不禁讓我懷疑你要如何著手創造你真正想要的未來？

長期追蹤我的朋友們應該清楚地知道，我們的人生是由我們的靈魂安排的。這也就是說，無論是你的生命藍圖、功課、父母、兄弟姊妹、靈魂伴侶以及人生中來來去去的過客們，全都是靈魂在還沒有投胎前就已經安排好的。為什麼會遇到那樣的人？又為什麼會走到分手的結局？這全都是靈魂為了進化所安排的課題。如果有這樣的認知，那又怎麼會因為一個陌生人的話而影響自己當初的決定？任何高靈都能夠理解你生命中的人事物都必然有其出現的道理，正如你的情感也必然有它的進度。若是有人真的是你的命中註定，那麼不管兩人分手幾次、相隔多遠，也必然會得到終成眷屬的結果，而不是因為一個第三者的話而硬要去改變那個過程，更不會是透過任何的靈體／光／天使／神來得到這樣的訊息。也正因如此，所以絕大多數的高靈絕對不會恣意插手去改變早已安排好的靈魂鋪陳。

在接收訊息時的好與不好、對與錯等判斷，大多是來自於人的邏輯性思維。因為人們的比較思維會產生出好與不好、對與錯，甚至是命中註定的感覺。但是說真的，我的好並不等於你的好。我所感覺的幸福也不等同於你的幸福。在經營任何感情的時候，你更要相信的是自己的心，而不是任何人給你的建議。

在感情的世界裡，我向來不喜歡任何人拿我跟其他人做比較。若是今天我的另一半無法在我與另一個人之間抉擇的話，那麼我會主動選擇退出，因為這種猶疑不決的對象不會是我想要相守的另一半。若是我的另一半因為別人說的話而改變自己對於我們這段關係的態度，那麼我同樣會選擇離開他，因為我無法理解為什麼兩個人的愛情必須由他人的意見來決定。這很可能是為什麼我永遠無法理解，有人會因為他人的評價與意見而無法決定自己的情感。

一個懂得珍惜你的人，自然不會把你放在天平上秤量。一個真心愛你的人更不會因為靈／光／天使／神明的訊息來影響自己對你的感覺。更不用說訊息如果真的是你的高靈給的，那麼祂就更應該清楚地知道每個人生中的安排都有它發生的必然原因，不是嗎？因為不管好壞與否，都必然有你的靈魂必須學習的功課才對。

所以即便不透過任何靈媒來傳遞訊息，你也應該好好地思考；兩人之所以分手的原因是為了什麼？這樣的問題是不是已經被解決了？或是兩個人是不是可以對未來產生共識等等。若是你不認為彼此的情況有任何改善，又怎麼能夠期望跟對方創造出不一樣的未來與結果呢？

不要讓任何的靈／光／天使／神明來經營你的感情生活。我想要說的是：感情是你要談的，沒有人比你的心更清楚地知道對與不對的答案。與其浪費時間掙扎著某一個靈媒所傳遞給你的訊息，倒不如靜下心來，好好地問問自己的心，感受一下內心真正的感覺。不管你所得到的答案是什麼，能夠真實地去體驗與領悟才是最重要的，而不該是過度執著在某種信念上，硬是將錯誤與不合適的對象說服成自己的命中註定。真心希望大家都可以透過聆聽自己的心，慢慢地找到那個屬於你的幸福未來。

當你在感情中比較，你就開始破壞彼此間的信任了

對應頻道第 103 集

這個主題是因為與老公的爭辯所引發出來的：那就是當你開始在情感上比較自己的時候，你其實就已經開始破壞你們彼此間的信任基礎了。所謂的「比較自己」指的是拿自己跟另一半相互比較，而「信任」則是指相信對方可以「做好自己」的信念。

相信各位一定常在網路上看到類似「長期在比較下長大的小孩會變得比較自卑，也容易覺得自己做得不夠好」，又或者是「不要期待一隻魚會爬樹」之類的文章。因為人們的期待往往會轉換成他人的壓力，在不尊重彼此獨特性的情況底下，會預設對方跟自己是一樣的人，所以要求他做一樣的事，就演變成彼此都失望的結果。這個循環就像期望一隻魚能夠像猴子會爬樹。不管你對那隻魚的期望有多高，抑或是牠們再怎麼努力，永遠都不可能像猴子一樣會爬樹。這個例子其實是為了說明：如果你把東西放在不對的位置，並要求他們去達到那樣的標準時，他們不一定可以滿足到你對他們的期望，更有可能會讓你失望。

我曾經說過，「比較」是人類才有的行為與習慣。我們會拿自己來跟任何東西比較，除了人與人之間的互相比較之外，我們還會把自己拿來跟動／生物比較，甚或是比較看不到的東西，例如：我比你聰明、厲害……等等。一旦發現自己比別人好，就會不自覺地抬高自己的身價而洋洋得意。雖然「比較」或許也存在於自然生態裡，但在人類的行為裡卻是最嚴重的。主要的原因來自於我們的社會和教育的結構。我們幾乎從小就不斷地在各方面被拿來做比較：什麼樣的成績比較好，什麼樣的工作賺比較多錢，什麼樣的另一半是人人羨慕的⋯⋯，在這種相互比較的教育環境下成長，比較的思維模式自然會成為我們的習慣。如果我們總是拿自己跟任何外在的事物比較，那麼我們自然也會忽略靈魂最重要的一件事——靈魂的獨立個體性。

在浩瀚的宇宙底下，為了要讓每一個靈魂都可以找到自己的位置，發展自己的所長，最重要的一點就是必須去尊重每個人的獨立個體性。在每一個人都不一樣的情況下，每一個人都有存在的必要，也會有各自擅長以及適合的位置。也因此大家應該可以了解，在我觀念裡的好並不等同於別人的好，我覺得適合的也並不等同於真的適合別人。在這樣的前提下，人們理應學會尊重彼此觀念、想法以及意見的不同，進而允許別人在與自己不同的崗位上做好他們的事。

「靈魂的獨立個體性」在宇宙底下是非常重要的基礎。因為一旦每個人的獨立個體性被發掘，那麼他們靈魂的潛能自然可以被開發。也正因如此，一旦身處比較的環境中，這種獨有的靈魂特質就愈不容易被發現。因為「比較」是建立在每個人都是相同的基礎上，以相同結果與標準去努力。也因此有許多人會浪費時間就為了達到那個不屬於自己的標準，也不會投資時間去發掘自己真正擅長的事。相同的事物才有辦法做比較，若一開始就不是一樣的東西，那麼「比較」的行為自然無法產生。

從以往的諮詢經驗裡，我很常遇到客戶在情感中比較自己愛得比較深，抑或是對方付出得比較少。往往覺得自己付出了所有，卻得不到對方相同的回報，而沈浸在一種受害者的氛圍裡，造成兩個人的情感破裂。常常將情感拿到天秤上秤量的行為，從一開始就不像是在談戀愛，反倒像是種交易。今天不管你的感覺是什麼，也無論好壞對錯，那全都是個人的主觀意識，而「比較」就是建立在這種個人主觀意識裡。因為我們一旦了解靈魂的獨立個體性的話，那麼我們自然可以理解這世界上的每一個觀感都很有可能是不一樣的：**我的好並不等於你的好，而我自以為是的付出並不等同於對方需要的**。如果我們付出的並不是對方想要的，那麼無論你付出的多少與好壞，它就完全是不被需要的。但即便如此，我們還是常常在自己的假設觀念裡受傷，覺得自己的任何付出都理所當然地應該得到相同的回報。

情感是永遠沒有辦法放在天秤上衡量的。因為在靈魂具有獨特性的基礎下，每個人所付出的標準以及對於情感的要求與期望都是不同的。兩個完全不一樣的人絕對不可能會秤出同等重的情感，這也是為什麼這樣的心態終究會帶給你受傷的結果。在情感裡面真正應該做的是遵循自己心的感覺，想愛就去愛，而不是如同交易一般，時時刻刻地思考著收支是否平衡。若是有一天覺得對方的回報並不是自己想要的，那麼至少在離開時可以問心無愧地知道自己曾經認真地愛過了，只不過對方根本不適合自己。而不是到時候才懊悔自己當初沒有愛得更多一點。

大自然的萬物，很少會先衡量自己情感的收支會不會平衡再來決定要不要愛，大多是因為此時此刻真心地想要付出而付出。因為曾經受過傷而不敢去愛人，又或者是因為害怕未來受傷而不敢去愛，這全都會造就受傷的結果。但若是可以讓自己學會專注當下的感覺並遵從自己的心，那麼未來受傷的機率自然會減少很多。

在婚姻裡面最常聽到的抱怨是丈夫覺得自己一整天工作很累，回到家就覺得老婆好像一整天都沒事做似的。或許舊有的觀念讓人們覺得外出工作賺錢的人才是辛苦的人，而待在家裡整理家務帶小孩的都像是閒人。但就我所知，很多婦女為了家庭放棄自己的工作在家帶小孩，所做的全是些吃力不討好又無償的工作。但即便夫妻兩人的工作量相同，賺錢的那個人還是永遠覺得自己是最辛苦的一方。還有另一個現象是夫妻兩方都在工作，但下班回到家的老公卻覺得煮飯、帶小孩、整理家務應該是老婆的事。賺錢時，覺得另一半應該跟自己付出相同的努力，但一提到整理家務或帶小孩，又覺得那是女人該做的事，這其實是很奇怪的觀念。

情侶在剛交往時大多是因為彼此的不同特質而互相吸引，在一起久了之後就會慢慢地開發出共同的興趣與喜好，甚至是為了配合彼此而產生一致性的生活作息。或許是這個過程讓兩人開始期望對方成為跟自己一樣的人，而忘了兩人當初是因為不同的特性而相互吸引。也因此，一旦進入婚姻之後便開始期望對方能夠做跟自己相同的事，好減輕自己的負擔。賺錢的人會覺得自己比較辛苦，希望另一半多少分擔一點。顧家的人覺得自己整理家務比較辛苦，希望對方也可以分擔一點。說好聽些，是希望對方可以分擔自己的工作量，但其實是希望對方可以成為跟自己相同的人。在比較的心態下，兩人開始看見彼此的不足，進入「永遠覺得自己做得比較多」的埋怨當中。而這種心態正是導致情侶最後產生分裂的主要原因。

家不是靠金錢創造出來，而是透過兩人朝著共同的目標所經營出來的。金錢對現下的社會來說或許很重要，但卻不是全部。當賺錢的一方試圖掙錢以支付家裡的開銷，顧家的人則是以勞力無償的方式試圖維持生活的平衡。不管彼此選擇在家庭裡面扮演什麼角色，若是能夠拋棄比較心，對彼此多有一點諒解，才更能夠一起創造出彼此都想要的結果。對算對方不是跟自己做同樣的事，也能夠信任對方正用自己的努力，朝著兩人想要的共同目標前進。而不是總是把兩人的付出放到天秤上衡量誰做得多，誰做得少，破壞彼此想要一同創造未來的信任感。不信任所延伸出來的猜忌與埋怨，最終會成為情感破裂的主因。家是兩個人一同經營創造的，放下比較，彼此用最適合自己的方式一起朝著相同的目標前進，才是情感之所以維持的最主要關鍵喔。

如果我可以從世界上移除一樣東西

對應頻道第 105 集

曾經有位網友問我：如果你可以從這個世界移除一樣的東西的話，那會是什麼東西？

當初被問到這個問題的時候，我並不認為自己有足夠的知識可以回答，直到在靈性的旅途上走了一陣子之後，我終於覺得自己可以坦誠地回答這個問題。其實大部份的人覺得像我這樣在身心靈界遊走的人，鐵定會想要移除戰爭、哀傷……等等任何造成人類生活不愉快的源頭。但我真心覺得移除這些並沒有辦法完全解除我們的核心問題，也沒有辦法讓這個世界變得更好。所以在思考了許久（真的很久）之後，我發現自己如果有能力可以從這個世界上移除任何一樣東西而讓這個世界變得更好的話，那麼那個東西會是「比較」。

在我的觀念裡，「比較」是人類的思考邏輯下的產物，並不適用於宇宙萬物。雖然有些時候我們會用人類的思考邏輯去詮譯宇宙萬物類似的行為，但那並不是他們真正的本意，而是我們人類的視角自以為他們應該有的感覺。就像是動物在群體中會為了競爭領導者的位置而打架，但那並不是透過平時的比較而來的，而是實際地去戰鬥所得到的結果。在宇宙底下，領導者與追從者扮演著同等重要的角色，因為如果沒有追從者，那麼領導者也就失去存在的意義，這也是為什麼每一樣東西都有存在的必要。然而「比較」真的是人類社會才有的行為。我們不斷地比較著膚色、身高、胖瘦、美醜、薪水、車子、房子，甚至是宗教觀以及政治理念。在這麼多年的諮詢經驗裡，我發現大多數的人都是活在被比較的環境。由於成績單沒有辦法拿到A，所以就一直覺得自己不夠好，然後接下來又花了更多的時間去證明「我不夠好」這個句子是對的。因為從一開始就被貼上了標籤，導致後來根本沒有辦法從自己的牢籠裡掙脫出來。現在試想，為什麼你會覺得自己不夠好？這難道不是因為你把自己跟任何人做比較所得到的結果嗎？你又是否曾經思考過，這樣的標準又是誰給你的呢？

今天我如果把「比較」的行為從世界上移除的話，那麼人類就節省了很多時間在自我批評上。你會發現，「比較」是沒有意義的，因為我們每個人都有自己的獨特價值。人類就如同一顆會走路的燈泡，有些人五瓦，有些人一百瓦。一百瓦的人會覺得自己比較好，但是一百瓦的燈就是不適合拿來睡覺或是喝咖啡聊天。人們在不同的情況下會有不同的需求，就正如這個宇宙底下需要不同的存在才可以讓它完整一樣。所以當一個人批判別人的宗教、政治信仰、膚色、文化、語言、種族等等，比較之間的好壞的時候，這件事本身就是沒有意義的。

大家試想，如果你所生活的世界沒有任何的「比較」，那會是什麼樣子？你是否會拋棄一直以來的自我批評，你是否會盡力做到最好，而不去擔心結果會不會比別人差一點？你是否會更有動力地朝著自己的目標前進，而不會在原地躊躇覺得自己浪費時間？如果大家只是盡力地做到自己最好的狀態，那麼就算不符合別人的標準又怎麼樣呢？如果大家都做到自己的能力所及，那麼這個世界難道不會自然而然地變得更好嗎？

所以在思考了這麼久之後，我真心地覺得如果我可以從這個世界上移除掉「比較」，那麼這就會成為一個比較好的世界。因為每個人都會尊重以及了解每個人存在的價值，而不會用自己的個人觀感去評價他人與自己，那麼就更有機會讓每個靈魂可以更快地找到自己的崗位，做最適合自己的事，不是嗎？

夫妻間的溝通

我跟老公結婚二十多年，雖然朋友們常常聽我抱怨他，但看我們兩個人的相處似乎也很融洽，所以常常問我有關夫妻間的溝通技巧。說真的，我不認為有任何一個技巧是適用所有婚姻的，因為每個人都是不一樣的。一旦決定要共組家庭，就必然要經過磨合。至於這個磨合時間的長短，則取決於兩人是不是想要為同樣的目標努力，以及彼此都願意各退一步。

在結婚二十幾年的這段時間，我們經歷過所有情侶都會面臨的種種問題，從結婚、生子、成家、立業到婆媳關係，老天像是要確保我每一樣都有經歷過似的，從來沒有多放我一天假。在這段時間，我們看見身旁的人與我們走同樣的路，但有些離婚、有些形同陌路，有些只是在人前假裝相好，但人後就變了個模樣，又或者是試圖要勾引對方老公的……。現在回想起來，在新冠肺炎這段日夜共處的時間中，我們還能有說有笑，可以公開地開對方玩笑（或是抱怨），也還沒有鬧離婚，真的算是萬幸。話說回來，連整修房子期間都沒有離婚的話，新冠肺炎就真的算是塊小蛋糕了吧？XD

其實現在回想，我覺得真正能夠維持婚姻的，大概就是大家聽到再厭煩不過的兩個字了——溝通。但不知道大家有沒有好好地思考過這兩個字的真正意義是什麼呢？而你每天在做的事真的是溝通嗎？還是發洩？

我也曾經犯過一樣的錯，就是結婚之後變得太「自以為是」。我覺得婚姻裡面如果有什麼殺手，「自以為是」的態度大概會排行第一名。為什麼這麼說呢？因為我發現大部份的人都是用自己的觀感去預設對方的所做所為，我們自以為很了解對方，所以用我們的想法去假設他們會說的話、做的事，以及我們覺得他們的角色應該如何扮演、反應。一旦他們沒有扮演好這個角色，我們通常會又急又氣地嘶吼：「我就已經告訴你很多次了！」

覺得這句話很耳熟嗎？老婆期望老公要準時下班，所以總是煮好熱菜熱飯等老公回家。但是老公卻總是因為工作多留在公司一個小時，回到家時菜都涼了，老婆等到臉都綠了，而老公氣老婆不了解他賺錢養家的辛苦，無理取鬧。又或者是太太照顧小孩一整天，原以為老公回來可以分擔一下家務，卻沒有想到對方一回到家就翹個兩郎腿，一句「你一整天都在幹什麼？」好似把你當全年無休的女傭。還有的是老公在沒有詢問你的情況下，就私自幫你安排行程，讓你感覺自己像他的附屬品，一點自主權都沒有……。

當然，今天不是要講老公的壞話（那可能一本書都寫不夠 XD），只是想讓大家檢視自己在任何關係裡面，是否也有著同樣的自以為是。用自以為熟悉對方、了解對方、知道對方，又或者是自以為對方應該做什麼的態度在經營著彼此的關係？在這樣的情況下，你的溝通並不是真的溝通，只是想要有人聽你抱怨、説話（又或者是服從你所説的話）罷了。

記得有一次跟老公吵架時，他跟我説：「你以前不是這樣……」當時的我受夠似地大喊：「不要再拿以前的我來跟我比！我喜歡現在的我，所以你要不要先花點時間認識現在的我，再來決定我們這段婚姻要不要繼續！」

從認識到結婚，從單身到兩個小孩子的媽，這些年裡我不得不成為一個堅韌的母親，而我的老公還在跟那個十八歲的我談戀愛？！那個時候的我才真正地意識到我們這些年來自以為是的「溝通」原來都只是在彼此抱怨，根本沒有人把對方的話聽進去。但也因為自己脱口而出的那句話，讓我很認真地思考，這些年來我是不是也把他的存在當作理所當然？所以在那之後，我找個時間很認真地問他：我們要不要好好地「重新」認識對方，然後再來決定我們到底還適不適合彼此？

也因為這個緣故，我們的生活作息開始有了變化。我們開始會安排時間約會，會想盡辦法安排兩人共處的時間，會一起去公園散步，會一起去看演唱會，會安排兩個人的旅行，會問對方一些我們以為知道答案的問題。像是：你最近喜歡什麼音樂？做什麼事？為什麼？而這些習慣也慢慢地打破了我們的自以為是。那些原本我們以為了解對方的答案再也不是那麼地肯定，我們開始接受彼此原來會隨著時間不停地成長與改變。

而今，我們會開對方的玩笑，也可能會討厭或是不理解對方做的事，會一起消磨時間，也有需要讓彼此獨處的時間。雖然大部份的時候，我們做的事跟一般的老夫老妻沒有什麼兩樣，但是總有一些短暫的片刻，是屬於我們重新認識對方，或是去接觸新事物的時間。因為開始了解我們是會隨著時間一起成長改變的，所以做任何決定以前也會先詢問對方的意見，而不再用像以前那種自以為是的態度，與想像中那個「以前的人」相處。

記得上面提到那個等老公回家等到菜涼、臉色也變綠的老婆嗎？原以為這是一個無解的問題，老公永遠比他預測的晚下班，而老婆煮的菜永遠會變冷盤，但他們竟然在說出彼此的需求之後，找到一個最簡單的解決方法。原來老公以為老婆希望他早回家，所以總是早早打電話報備。然而老婆根本不介意老公晚下班，只是希望他吃到熱菜而已！這個問題的解決竟是如此簡單：等老公要下班回家了，再打電話給老婆就好？！真心不知道以前兩人到底都把話聽到哪裡去？XD

所以我認為的**溝通，是帶著想要得到彼此的共識去開口，而不是只有「聽我說」的態度去說話。是一種每天需要一點聆聽、一點對話、一點互動所產生出的共同成長與認知。願意退一步去重新認識眼前的人，而不是自以為是地覺得對方應該是什麼樣子。**透過這樣的方式去更加地了解對方，也會幫助我們更懂得與對方相處。婚姻不是簽字後就不用做功課的完美結局，而是功課的開始。很多過來人都不斷地分享婚姻得要靠經營才有辦法維持下去，但既然是需要經營的功課，更重要的是兩人都願意努力才有辦法看到結果吧！換個態度去重新溝通，除了幫助你了解另一半之外，更重要的是可以幫助你更加了解自己。有時候抱著岌岌可危的危機心態去經營婚姻，會遠好過於安於現狀的自以為是喔。

我其實不是婚姻專家，雖然已經結婚了二十幾年，但每個階段都像是個新的考驗。我也不知道兩個人會不會白頭偕老，但我知道的是：不要把婚姻（或情感）當作一成不變的習慣，也不要將對方當成理所當然的存在去面對，而是當作冒險來探索才更能夠讓它持久喔。

輪迴的課程：權力鬥爭

對應頻道第 116 集

在輪迴的過程中，有一些基本的課程。接下來幾篇文章一一討論。

大部份的人都很好奇自己在累世的輪迴裡，是否曾經當過有權有勢的人，這個答案幾乎是肯定的。特別是當你開始了解權力的時候，你就會發現權力與貪婪幾乎是如影隨形的，自然也就成為輪迴最基本的功課。當一個人擁有過多的權力之後，他就會渴望得到更多，並且想要擁有掌控他人的欲望，這會讓他們有高高在上、無所不能的感覺，也會間接地讓他們產生為所欲為的行為。所以這裡說的「貪婪」不只是針對金錢，還包括聲名、地位、權力等各種層面。

我們今天所要討論的主題是權力的慾望所延伸出來的鬥爭。我常常覺得「權力」是一件非常危險的東西，因為它會帶出我們最深的慾望，以及最不為人知的本性。我相信任何靈魂在成為人之前都經歷過許多的輪迴，靈魂們可能成為過生物、植物或是動物，也可能曾經是任何外太空生物。在這麼多短暫的輪迴過程中，每個靈魂最該學習到的基本項目就是對宇宙萬物的尊重。正如我不斷提到的：輪迴建立在一個很大的雨傘下，這個雨傘就是「尊重」。也就是說，在做任何事以前都必須以尊重為前提，以不傷害他人為原則來執行自己想要完成的事。

尊重是這宇宙的基本法則，所以當你可以投胎成人，執行比較複雜的課題時，一般靈魂應當都已經了解尊重的重要性，進而可以去面對「權力鬥爭」的課題。也就是說每個人都了解尊重的基礎，所以即便擁有很高的權力／影響力，也能夠在不傷害他人，或是傷害可以降到最低的情況下來完成自己想要做的事。而這個過程中的取捨則是靈魂在經歷「權力鬥爭」時所要面臨的功課。

可是遺憾的是，慾望是無限的。一般人擁有很高的權力之後，通常就會忍不住地渴望更多，也會想要透過權力實際可以掌控的範圍來決定自己的地位。這樣的情況在過去的歷史中俯拾即是。不單單是我們最常見到的王位爭奪、嬪妃相鬥，甚至是在宗教上、國家政權掌控上、社區或是企業等等，都不難看到因為權力所延伸的鬥爭行為。

當每一個靈魂擁有了權力之後，他的內心會開始有想要掌控他人的慾望，這樣的慾望會讓他們覺得自己無所不能。而這種無所不能更是奠定了他們覺得自己重要的感覺，於是它便像是毒癮，愈發地讓人欲罷不能。然而在「權力鬥爭」的課題中，人們不是要透過掌控他人來證明自己的價值與能力，而是應該學習坦承我們內心因為權力所引發的貪婪與渴望，並在慾望、理智與尊重之間不斷地衡量與抉擇，進而練習幫助自己做出最正確的決定。在這個過程中，掙扎是難免的，需要不斷地反思自己擁有那麼多的權力後，是否還能夠保有對人性的尊重。因為如前面提到的，尊重是宇宙萬物的基礎。就拿獅子來舉例，因為飢餓而去獵食，與因為好玩／無聊而去虐殺其他生命，就是建立在完全不一樣的尊重之上。

尊重不在於你什麼都不能去傷害，而是建立在你的「動機」究竟是什麼。也就是說，你的每一個決定與舉動都應該建立在尊重的衡量之上，並在取捨之間做抉擇。這個不斷反思自省的過程其實是幫助靈魂成長的重要關鍵，也是未來人們進入覺醒世代的重要基礎。這也是為什麼，我幾乎很肯定每個人在累世輪迴中都曾經歷過權力鬥爭的課題。因為這個基本的課程所要學習的道理是：**即使我有這麼多的權力，我還是懂得宇宙的基本法則，並尊重其他生命的存在價值**。

雖然權力鬥爭應該是大部份的人早已做過的課題，但還是有少部份的人受到慾望的誘惑而遲遲無法從這個課題中解脫。他們的靈魂可能輪迴了很多世都還未能理解權力究竟是什麼，所以在擁有了之後，便因為內心的貪婪而忘了最基本的尊重，反倒有種唯我獨尊的高傲。因此，當我們面對權力鬥爭課題的時候，第一件要做的事不是去觀望外在，而是好好地面對內在想要掌控他人的貪婪慾望，並反省那樣的慾望是不是讓我們拋棄了最基本的尊重與人性。

我曾經提過，靈魂之所以進化是為了達到「一」的境界。在一的法則之下，每個靈魂都是平等的，每個靈魂都有存在的價值，也是同等重要的。如果你了解一的法則，那你就會理解「權力鬥爭」在一的境界底下是完全不適用的。假設一的法則是我們靈魂進化的終點，那你就可以清楚地知道，在每個靈魂的進化過程當中，彼此的差異性會愈少，共同性會愈多。即便性別不同，種族不一樣，說著不一樣的語言，都終將成為重要的獨立個體，同時也是整個全體裡重要的一部份。因為無論你選擇扮演什麼樣的角色，你都是重要的存在，也會懂得尊重他人同樣是重要的存在的道理。

所以如果你想要檢視一下自己到底有沒有做過這樣的課程，其實很簡單，你可以反省自己對權力有沒有渴望，是否安於平凡人的角色？如果你對權力依舊有渴望，是否有意識到在擁有不同權力的情況下，自己的行為會不會因此有所改變？如果你隱隱約約地還感受到這之中的差別，那麼或許在這權力鬥爭的功課裡，還有你需要去克服與面對的功課。你可以從各個層面去思考權力對你的影響力，例如，它是否會驅使你的行為改變？或者是自己真的成為一個有權力的人時，又可以如何執行讓它變得更好？你所得到的結果都可以間接地印證你是否曾經是個有權有勢的人。

權力鬥爭通常是靈魂進化的基本課題，以間接地證明自己的價值。這種貪婪不單單只是他人生命的貪婪與渴望，它啟動的是我們內心想要掌控他人生命的貪婪與渴望，以間接地證明自己的價值。這種貪婪不單單只是侷限在人，有時候也會反射在其他的動生物身上（例如虐待動物或殘害生物的人），這全都是為了讓靈魂從中學會或是加強「尊重」的功課。這樣的功課不是為了讓靈魂學會去掌控他人（或是更多的人），而是期望可以透過內在自省，在不被貪婪左右的情況之下可以做出最正確的決定，進而學會靈魂的基本功課：尊重其他生命的價值。

輪迴的課程：脆弱點

對應頻道第 117 集

繼續跟大家討論關於靈魂的課程。雖然沒有涵蓋到靈魂所有的課程，但還是會針對一些比較大的課程來分享，讓各位可以藉此省思自己是否正在面臨與克服這樣的課題。不僅如此，各位也可以藉由了解靈魂的課程來檢視你所接收到的訊息裡面是否有這類課題的影響。各位如果對靈魂的鋪陳了解得愈多，就愈能夠深入體會你們所要尋找的真相是什麼。因為無論是編輯史書，抑或是撰寫經文的人，只要是透過人的主觀意識去陳述就一定有某種程度的課題。若是各位可以從中學習自行分辨的話，那麼除了可以幫助你們用來審核自己之外，也可以幫助你們在接觸任何的人事物或是閱讀任何文獻時，去刪除人類邏輯所做的詮釋，進而幫助各位從中尋找你們所追求的答案。

在前一篇文章中，我們討論「權力鬥爭」，簡單來說就是每個人在累世的輪迴裡都曾經體驗過地位崇高、有權有勢的一世。這樣的權力容易讓人們覺得自己可以掌控他人的生命，甚至產生一種無所不能的錯覺。但其實「權力鬥爭」這堂課程是讓靈魂去學習尊重每一樣生命，不會因為自己的權力而做出不正確的判斷與決定。權力鬥爭的課程是讓人們不斷地面對自己的人性弱點，進而改進偏激的概念。也可以讓你了解生命存在的價值，而不是恣意地運用自己的權力去掌控他人的生命。

通常在靈魂經歷這個課程以後，接下來最有可能的便是這篇文章要分享的——脆弱點（Vulnerability）。脆弱點基本上就是一種覺得自己一無是處、無助，甚至是無能為力的感覺。這個課程之所以重要，是因為人們在經歷「權力鬥爭」之後，往往會有一種為所欲為、唯我獨尊的假象，而這種感覺通常會阻斷人與人之間的連結，也會因為一人獨大的思考模式而違反了尊重的平台。靈魂如果在這個時候能夠體驗到這種脆弱無助的感覺，那麼他們就更能夠換位思考，體會當初被他們權力壓迫的人們是什麼樣的感覺。人們往往只有在經歷無助的時候才會學習同理，並對外尋求援助。

如果說「權力鬥爭」的功課是讓你去體會自身的力量，那麼「脆弱點」的功課則是為了讓你學習同理，並與人們重新做連結，這在靈魂層面是件很重要的功課。因為不管人們的認知是什麼，在宇宙下是沒有人可以獨自生存的。只要你還是宇宙的一部分，那麼你就需要跟宇宙做連結，包括祂的能量、資源、物資、生物或是動物等等。為了讓靈魂深刻地了解這一點，我們每個人在輪迴的過程裡幾乎都會經歷「脆弱點」這個課程。因為人們在無能為力又走投無路的時候，才會逼自己去尋求外在的援助（這與恣意地要求他人援助，而沒有真心想要償還的心態是不同的）。這個對外要求協助的過程，可以讓人們學習如何放下身段並與他人連結。因為以靈魂的角度來看，「施」與「受」同樣重要，人們會透過「給予」跟「接受」的互動而產生連結，所以在接受援助的當下，人們也可以藉此省思自己有什麼可以回饋對方，而不是一味地索求。

在感受脆弱的過程當中，人們除了自省之外，還必須思考該如何向他人尋求援助，以及如何讓自己重新站起來，這種種的過程都會幫助靈魂進化。**當一個人學會面對自己的脆弱，他往往也會在同時間接受他人的脆弱。**在尋求與接受他人的援助過程當中學習到自我反省和勇氣，進而反思自己如何回饋這個社會。

但遺憾的是，大部分的人在經歷脆弱點的功課時，不但不選擇與外界重新連結，更不會省思自己有什麼可以回饋社會。脆弱無助的感覺總讓人們開始自哀自憐，不斷地在內心指責自己不夠好，將自己困在毫無止盡的黑洞裡。人們幾乎只要一感覺到脆弱，就會任由內心的黑暗面不斷地攻擊自己，只要稍受打擊就很容易一蹶不起。整個課題全都因為自卑心而轉移了焦點，導致我們在黑洞裡愈陷愈深。我們因為自尊心而不願意對外尋求援助，但這卻往往讓自己陷入更痛苦的局面。於是我們開始在自己身上貼上各式各樣的標籤，而這些標籤便成為自己無法面對課題的理由與藉口，以致於我們在無數的輪迴裡總是不斷地重覆面臨相同的功課。

但如我之前所說，我們在累世的輪迴裡必然都曾擁有過呼風喚雨的權力，也必然都曾經體驗過無名小卒的無能為力感。脆弱點的功課是為了讓我們學會虛心地（而不是理所當然地）請求援助，並且在這個過程中體會到同理的課程，而不是為了讓你學會貶低自己，陷入受害者的思維裡。脆弱點所延伸出來的小課題，值得你一個一個地端上檯面去學會面對，因為唯有當你面對它、處理它的時候，你才會開始感覺到自己靈魂肌肉的增長。如果下次再發生同樣的事情，你就會更清楚地知道自己可以做什麼、如何改進，而不是陷入自我批判的漩渦。把脆弱點的課題視為一個讓你與這個世界重新連結的機會，並藉此去了解施與受的同等重要性。

當你感到脆弱，其實你需要去了解這個宇宙沒有任何東西是可以獨立存在的，所以我們更應該學習如何跟身旁的人事物，甚至是這個宇宙重新連結。**有些時候，感受脆弱是為了幫助我們變得更加強壯，而不是為了讓**

我們陷入自哀自憐的受害者情境裡。你可以藉此學習自我反省，並好好地想想解決的方法。但若是連反省都不會的話，這或許也是你該做的功課之一。

「權力鬥爭」的功課讓我們了解生命的重要性，也就是無論我們掌控多少的權力，都理應尊重他人的選擇，以及他們有決定自己生命的權利。宇宙輪迴應建立在以尊重為前提的基礎下。人們在權力當前需要學會面對內心的貪婪與慾望。而脆弱點的課程所要學習面對的則是內心的恐懼以及黑暗面，包括如何與這個世界連結、如何開口要求幫忙、如何接受援助又不讓它養成理所當然般的習慣，並且透過脆弱的感覺去審核內心每一個小小的黑暗面，這些其實都是輪迴中所要學習的重要課程之一。了解自己的脆弱，自然可以共感他人的脆弱，進而生出更多的同理心。希望各位都不會陷入無法自拔的黑洞裡，早日從脆弱點的課程中得到進化喔。

輪迴的課程：嫉妒

對應頻道第118集

連續幾篇文章都在討論有關靈魂輪迴的課程。所謂輪迴的課程指的就是靈魂在幾世投胎裡必然會面臨到的一些重大課程。這幾篇文章就是針對靈魂的重大課程做討論。這些課程為了替靈魂奠定基礎，多半會引發很多的內心黑暗面，而這些黑暗面正是靈魂為了日後的進化，必須要學習面對跟處理的。

其實我們所做的每樣功課就只是為了讓靈魂成為一個更好的存在。前幾篇文章中，我們討論過權力鬥爭。權力其實很像個誘餌，把我們內心最黑暗的一面誘導出來，讓我們有機會去正視與面對——透過自己擁有權力後的行為去了解自己，也學習尊重的法則。權力鬥爭會讓人們在可以掌控他人的生命的情況下去衡量並審視尊重的課題，了解自己是否可以不受到權力的誘惑，做出最公正的判斷與決定。

隨後，我們會經歷所謂的脆弱點，透過感受脆弱與無助來學習共感，並重新與人連結。當然，在靈魂具有獨立個體性的前提下，每個人的脆弱點不盡相同。脆弱點的產生是為了引發你內在那些自我攻擊的黑暗面，進而重新尋找自己的價值，而不是讓自己一直活在與世隔絕的泡泡裡。

如你所見，不管是什麼樣的課題都會引導出靈魂的黑暗面，進而讓靈魂學習去突破。有些人可以用一輩子的時間就學會這些課題，有些人則可能需要經歷數次輪迴才能有所領悟。但基本上，你沒有克服的課程，永遠會成為你的下一個課程。所以如果此刻的你正在經歷這樣的課程，那麼與其讓那些錯誤的信念說服你，倒不如去了解自己所要克服的黑暗面究竟是什麼，進而對症下藥地找到解決方法。

「學習了尊重以後，再學習共感，並與宇宙重新做連結。」如果這些課程你都經歷過了，那麼你接下來很可能會面對另一個課程：嫉妒。

嫉妒之所以存在，是因為靈魂並不了解自己真正的價值，所以才會以他人的成就做為標準來比較，進而產生嫉妒的感覺。嫉妒的課程安排，其實是為了讓靈魂可以審視自己的價值到底是什麼。因為一個了解自己價值、有安全感的人，是不會嫉妒別人的。

如前所述，所有的輪迴課題都有非常相似的一面，那就是引出你的黑暗面，讓你能夠重新去審核以及更正它，同時再應合之前所學到的功課，看看自己是否真的從中得到領悟。人們在嫉妒的時候，往往會因為受到情緒的影響而喪失原有的理智判斷。因為受到不安全感籠罩的關係，有時候甚至會想要做出一些傷害他人的舉動。但這個情況若是配合之前所領悟到的「尊重」與「共感」的話，那麼人們即使在情緒化的情況下，也比較能夠做出正確的判斷。

其實輪迴真的很像在做複式教育一樣，透過不斷重複練習相同的課題來培育出反射性肌肉，進而有能力晉升到下一個階段。對於一個理解權力鬥爭，也體會過脆弱點的靈魂來說，嫉妒的功課是相對容易的。嫉妒會把你的黑暗面整個拉出來。人在嫉妒的情況下，很容易在第一時間貶低他人，藉由貶低他人動作來提高自己的價值。但別忘記我之前說的，嫉妒的課程是為了審視靈魂的內心，進而去發掘自己的價值。而不是透過貶低他人來提高自我的價值，這樣的思維反而違反了宇宙一切以尊重為前提的法則。

嫉妒本身就是一種相互比較的行為。但如果你了解每一個人都有靈魂的獨立個體性，那你就會知道「比較」根本是沒有意義的。我們每個靈魂都有不一樣的領悟、認知、進化與旅程，即便是同卵雙胞胎也會有不一樣的課題。就好比你不會把自己拿去跟任何的動物相比一樣，由於一開始就有「不一樣」的認知，因此之後也不會有所謂的「比較」。但既然如此，嫉妒的課題為什麼還是常常發生在人身上呢？因為我們在習慣比較的社會架構下生長。因為從小就被這麼教育，以致於長大後就養成了比較的習慣。但即便如此，這不表示我們沒有辦法做功課。反之，當我們有嫉妒的情緒時，第一個應該審核的是內在：**我的價值究竟是什麼？**

如果你能了解嫉妒的課程是為了讓你開發靈魂專屬的個人價值的話，那麼當你感受到這樣的情況時，你在第一時間就應該知道這是你需要去面對的功課。你可以先自我省問：我是否知道我的自我價值？再來，在了解宇宙以尊重為前提，以及靈魂的獨立個體性的法則之下，我可以如何幫助自己成為想要的樣子？

當你懂得尊重他人，並了解靈魂的獨立個體性，那麼嫉妒就不會成為你的功課，因為在這樣的認知下，「比較」根本沒有存在的必要。如果你覺得什麼東西很好、是你想要的，那麼與其花費精力去貶低他人，或是浪費時間眼紅嫉妒，倒不如把時間拿來讓自己成為那樣子的人、達到那樣的標準。與其總是在腦子裡重複著「他憑什麼」，倒不如把專注力著重在提升自己的格局，讓自己的振動吸引更多你想要的實相。

當然，有人在做嫉妒的功課，必然就有人需要扮演接收者的角色。遇到他人因為嫉妒而攻擊你的情況下，你又可以做什麼呢？我個人最喜歡的回應方式叫「謝謝」。因為不管嫉妒你的人用什麼方式回應你，你都沒有理會他的必要。如我之前所說：只有對自己沒有安全感、不了解自己價值的人，才會去嫉妒、傷害別人。我之所以與各位分享這些課程，不單單只是為了讓你們反省自己，更重要的是讓你們可以了解別人在經歷什麼樣的過程。理解他人可以讓你同時多一份同理心，也可以讓你評估彼此是不是相同格局的人。如果沒有什麼好話就別開口了，或是用一句簡單的謝謝來句點所有的對話。遠離那樣的人或許對你來說才是最好的決定。

輪迴的每一項課程都一定會引出我們許多的黑暗面，而嫉妒的課題往往是在學習尊重與同理的課題之後出現。與其一味地把自己拿來與他人做比較，或透過貶低他人來提高自己的價值，倒不如好好地思考你能夠如何提高自己的格局，創造出你想要的實相，這才是這個課題希望讓你們領悟的重點。一旦你找到自己的價值，你基本上就可以創造出任何你想要的未來。把你嫉妒的對象當作是一種提示與目標，而不是你的競爭對手，因為每個靈魂都是不同的、獨立的個體，所以嫉妒本身真的沒有存在的意義。當你有這樣的領悟與理解，相信你的心也就跟著寬了，自然就沒有必要繼續困在這個課題中。

為什麼我們會批判？

對應頻道第 141 集

有一天朋友問我：「為什麼這社會上有一些人老愛批評人家，你知道他們的問題和功課是什麼嗎？」雖然朋友說得義正嚴詞，但這個問題還是讓我覺得有點可愛，因為這世界上不是「有些人」喜歡批評別人，而是每個人都喜歡批判。光是朋友丟給我的問題本身就是一種批判，只不過常常把評語掛在嘴上的人是「顯性」，而我們大多數會把評語藏在心裡的人都叫「隱性」。但不管是顯性還是隱性，惡意或是善意，都不能掩飾批評的行為。批判在英文裡可以用 Judgmental 或是 Critical，基本上只要有個人意識的產生，都會造成意見分歧，這也是為什麼每個人都會批判的原因。所以與其急著指出別人為什麼總是愛批評，我覺得更好的是換個角度去想「為什麼我們都會批判」，才更能夠為自己找到解決方法。以下我就試著用幾個角度來解釋為什麼我們每一個人都有這樣的習慣。

這已經是第三本書了，相信大家對於之前提過的種種單字全都耳熟能詳了。靈魂在人生的旅程裡會依照自己的生命藍圖，選擇適合自己的父母、平台、功課、目的，最終就是幫助靈魂找到自己，讓自己得到更好的領悟與進化。無論是透過好的或不好的方法，最終都是希望可以得到這個領悟，以增加靈魂的CP值。所以為了要順利地走完這趟旅程，靈魂必須在最短的時間內還原自己本身的優缺點，也因此選擇可以製造這些優缺點的父母，而這些優缺點則會在他們未來人生的旅途上成為必須面對的功課，以及幫助他們成長的優勢。

我常說，你沒有辦法去做你不知道的事，就如同你的父母沒有辦法教育你他們從來沒有被教育的事一樣。**一個從小在批判的環境中長大的人，只會知道怎麼用批判來表達自己的愛**。因此，每個人的批評習慣與他的成長背景有很大的關係。於是，你僅有的認知成為你的習慣。

大多數的人們在批評的時候根本不知道他們在批評，對他們來說，這只不過是他們從小到大唯一知道的習慣罷了。這個行為如果是他們必須處理的功課的話，那麼他們在往後的日子就會因此而到處碰壁。但假若這不是他們的問題的話，那麼即使是愛批判的人日後也不會因此而受到任何的困擾。靈魂的功課與問題，不是由我們外人的主觀意識來決定。如果他在這個過程中有所突破，那麼他的後代子孫自然會因此受益。所以當別人老愛批判的行為發生時，你的問題不應該是「他有什麼問題」，而是：為什麼對方這樣的行為會對你產生困擾？以及你要如何解決這樣的困擾？

此外，相信各位在人生的路上雖然盡力地想要克服問題以及證明自己的價值，但這條路的坎坷總會讓人多次想要半途而廢或是破口大罵。也正因為這條路的孤單，讓人們總是不斷地想要尋求歸屬感與他人的認同。但是好不容易找到了屬於自己的族群之後，又迫不及待地想要讓自己在群體中脫穎而出。在這個過程中，為了證明自己知道得比較多，讓自己可以站在更高的位置，就會不自覺地產生批判。這是為了透過貶低他人來提高自己的價值，也是透過發表自己的言論、看法來展示自己的博學多問，藉此招攬更多認同自己的聲音。所以無論顯性還是隱性，不認同的聲音其實也是一種批判。在這個情境底下，批判不只是為了找到歸屬感，也是為展示自己的與眾不同。

還有，在現今的社會裡，人們往往習慣過度壓抑自己的情緒，常常受了一肚子的氣卻沒有任何發洩的管道，把現實生活裡所受到的壓抑、委屈、憤怒，全都吞進了心裡。在外人眼裡看來像是有修養，但這樣的行為卻讓他們的能場像顆不定時的炸彈，很可能會因為一點小事（壓垮駱駝的最後一根稻草），就瘋狂地大爆炸。他們可能連一些不起眼的小事都很有話要說，這個時候的批判就單純只是為了發洩。最常見的就是平常好聲好氣的大好人，在陌生的環境裡可能會大聲斥吼服務生之類的。其實解決這個問題更好的方法不是一次性地爆發，而是適時地表達出自己的看法與想法，不讓自己養成壓抑的習慣。

再者，人們面對任何批判的時候往往會為了保護自己而批評回去。很可能是對方批判的口氣讓自己感覺受到人身攻擊，因此不自覺地也去批評對方，像是要為自己出一口氣似的。這種情況下的批判大多沒有任何建設性，只是單純地因為想要攻擊人，讓對方感受到傷害而說出口的。其實大多數語帶攻擊的批評都是為了保護自己受傷的情緒所延伸出來的，也是透過攻擊別人來保護自己的舉動。

透過以上種種例子應該可以讓各位了解，一個人之所以批判可能是基於各種不同的因素，可能是尋求社會認同，可能是為了發洩，也可能是為了保護自己。但無論如何，人們沒有辦法執行他們不知道或從來沒有被教育過的行為，會批判大多是建立在這個行為是他們僅有的教育知識和習慣。一般只要稍有覺知的人都會試圖改變這樣的習慣。

所以如果了解這些，那麼下次在接受批判時，就可以試著讓自己從被攻擊的角色中退開，換個角度去思考對方之所以有這樣的行為，是否與他僅有的知識教育背景有關？他是否正試著在保護自己受傷的感覺？還是單純地在發洩？如果你了解批判是每個人都有的行為，那麼你在對待他人的時候，自然會產生同理心，而不會因為別人的批評舉動讓自己也產生了批判行為。當我們在這討論為什麼別人總是負面的當下，我們不也正在批評著別人嗎？每一個人都有屬於自己的功課，不管他們所選的方法是不是你能認同的，那都是他們要學會去面對與克服的。靈魂是條自私的旅程，你在靈魂的終點只是想要增加自己的CP值，而不是他人可以怎麼做到更好。所以，一味地將心力著重在他人身上並不會讓自己得到改進，但是知道別人有自己不認同的地方，至少就可以提醒自己不要做出相同的事。

希望可以藉由這個主題的分享，讓大家有不一樣的角度去思考：批判是無法避免的事情，因為個人主觀意識成形的關係，與他人產生意見分歧是自然而然的事。無論它是一種習慣、發洩、抒發還是表達，那全都是社會教育我們的生存法則。直到我們找到更好的方法以前，我們或許會不斷地聽到他人的批判，也聽到自己的批判。但一旦了解這是每一個人都有的習慣，我們自然而然地會因為同理而多一點寬容喔，給大家參考看看。

一個沒有界限與自我約束的社會

對應頻道第 143 集

今天想要跟大家討論的話題是：一個沒有界限與自我約束的社會。Boundary 在中文裡叫「界限」，代表的是每個人事物都有它的底限。而 Self-Discipline 則是「個人約束」，指的是一個人可以透過約束自己來配合外在環境。這個話題的產生來自於兩件新聞，都是受害者受到學長／學弟性侵，但是當上訴法庭時都被指控成為肇事者，而必須面對大眾公審的壓力。一個加害者因為父親有錢有勢，所以沒有受到什麼刑罰，反而像是什麼事都沒有發生過一樣。而另一個加害者則是法官擔心傷害到他的心理狀況而判刑六個月，因為超過六個月的刑期會對加害者造成長遠的傷害。所以在這些故事裡面，我忍不住想問：被性侵的人不會有一輩子的陰影？反倒是判加害人去坐牢才會有？

這讓我不禁想起曾經發生在自己小孩身上的事。當我的女兒剛上高中不久時，有一次錢包被偷，小偷大剌剌地在各大商場使用她的信用卡購物。透過商場的攝影機可以清楚地看到對方是誰、做了什麼事。但是校方與警方都希望保護那位小偷不要受到傷害，也不會讓全校公審，所以要我們當作什麼事都沒有發生。他們覺得解決的方法是不要替小孩辦信用卡，而不是讓大家知道小偷是誰。

藉由上述的幾個例子，我想要讓大家思考一下「界限」是為什麼形成的？在古時候因為沒有界限，所以想殺人就殺，想打人就揍，正因為我們意識到這是不對的，所以才有社會架構以及政府的成形，進而設立法律來維持這些界限。而後再透過教育民眾來加強這樣的社會規範。雖說如此，但是各位有沒有發現這樣的制度一點都不適用於上述的例子中？似乎只要擁有權力，即便是加害人也沒關係？反倒是受到傷害的受害者後來竟然還要接受人民的公審？就因為擔心加害人的心理狀況而完全忽視受害者的心理創傷？這讓人不禁懷疑法律當初要保護的人究竟是誰？是確保沒有人受到傷害呢？還是確保傷害人的人不會受到懲罰？

也因為這樣的事頻頻發生，讓人覺得本末倒置。被性侵的人被指責穿太、喝太多，會被性侵是理所當然的。每每看到這種言論時，真讓人懷疑教育所要強化人們的信念是什麼？而我們究竟活在一個什麼樣的社會？如果連常識與尊重都沒有，這種人又怎麼可以擁有那麼多的權力呢？

在這篇文章中，我沒有辦法給各位任何有建設性的意見，只能提出幾個問題讓各位換位思考。一個連基礎尊重都沒有的世代要如何進化？因果報應是維持宇宙平衡的能量，你丟出去的起心動念全都是要回收的。幸運的話很快地就得到回收，不幸的話，下輩子要連本帶利地償還。我的確沒有辦法判斷每個靈魂的好壞對錯，因為每個人都是自己的判官，對或錯，自己最清楚。但我不能理解的是，即便加害與被害都是建立在因果之上，那麼看戲的人堅持攻擊被害者的用意又是為了什麼？

我一直以來有個觀念，就是看到沒有規矩的狗時，我不會覺得是狗的錯，而是質疑主人是否還沒有找到教導牠的方法。那麼當一個已經長大成人的人卻連犯罪的基本常識都沒有，不禁讓人懷疑他的常識是如何被教導的，為什麼沒有界限也沒有尊重？我以為活到覺知的世代，尊重兩字已是常識，但看到這樣的新聞時，還是讓人感到有點灰心。

抱怨歸抱怨，我還是想要跟大家談談「界限」與「自我約束」的重要性。如上所提到的，界限一開始設立的動機是要保護人的，這不單單是從國家、社會的角度來思考，單就個人來看，若是能夠為自己設立底限，其實也是可以保護自己的。明確的界限讓人有遵循的方向，也可以保護自己不受他人越矩。這就好比在工作上常常有人會找你幫忙，幫一次是好意，幫第二次是順便，到第三、第四次之後，它就是你理所當然要幫的義務。人們在沒有為自己設立界限的狀況下，常常不懂得拒絕，也容易讓他人過份越矩。這也解釋了為什麼小孩子在界限不明確的環境下長大，其實更容易感到不安全感，因為清楚的界限讓人有跡可循，知道什麼該做與不該做。界限是設立來管理與保護大多數的人，所以即便在大自然中也有界限，像是可以去與不可以去的地方、可以進一步互動與完全不該惹的動物。界限大多與不該做的事情有關，用意是為了保護大多數的群眾。所以設立自己的界限往往與如何對外說「不」有很大的關聯。

而「自我約束」則是人們用來管理自己行為的。這個基礎可以幫助靈魂在以尊重為前提的情況底下夠得到進化。如果「界限」是自己對外的規範，那麼「自我約束」就比較像是靈魂與意識所產生的共識。同樣是說「不」，但自我約束的「不」比較像是對自己說的。約束自己並不表示什麼事都不能做，而是在合理的範圍內有效地執行想做的事。這個約束可以讓自己以最便捷快速的軌道前進到想要的目標，而不是在毫無約束的情況下，浪費很多時間在尋找規範上。如你所見，自我約束同樣是靈魂進化的重要元素之一，因為除了要懂得為自己負責之外，懂得辨別是非對錯、該做與不該做，這個過程都可以強化靈魂了解尊重的基礎。

在任何的群體社會裡，與外界的「共識」就等同於界限，而與內在的

「共識」則是等於自我約束。這是讓群體可以和睦相處的根本，這不只適用在人類的社會，也適用在萬物生態當中。想像今天一旦社會缺乏了界限與自我約束，那麼人們是不是又要回到物競天擇的時代？那麼對於老是追求靈性進化的我們來說，是不是反而走回頭路呢？

因果是維持宇宙平衡的力量。傷害他人的人必會感到被人傷害的痛苦，這不是建立在報應之上，而是透過讓自己處在兩者的位置上，了解到平衡的重要。向宇宙丟什麼就會得到什麼，所以在傷害他人之前，花點時間想想看自己被同等傷害的樣子，因為自己若是沒有那樣的感知，那表示這是一件你沒有做過的功課，日後回頭來體驗受害者的感受就幾乎是必然會發生的事，這才是因果法則真正想要讓靈魂學習的。但若是了解什麼是該做與不該做，那麼這樣的常識自然就會形成你的界限與自我約束，這樣的社會才能真正讓人感到安心，不是嗎？

讓我來證明你是錯的

對應頻道第 144 集

這一篇文章源自於我的小抱怨，也藉由故事裡的例子來跟大家分享一個常見的現象。在這麼多年的部落格／直播分享中，不乏有人來指責我不知所云，也遇到很多人會試著拿出經文／聖經來指出我的愚蠢。但往往在一陣批評指教之後，他們又會要求我以靈媒的身分去回答他們的問題。像是：如果你真的是靈媒的話，那你一定知道我現在在幹什麼？我在哪裡？我在想什麼……

其實我通常會把這樣的信件刪除，或直接已讀不回。但在此我想要跟大家討論幾個隱藏在這些問題裡的現象。大家都知道「你永遠沒有辦法叫醒一個裝睡的人」的道理吧？同樣地，你也永遠沒有辦法跟一個一開始就決定你是錯的人解釋什麼是對的。就像你永遠沒有辦法向一個覺得你笨的人證明你是聰明的一樣。民間很常看到一句話：相信你的人，不需要你解釋。不相信你的人，再怎麼解釋都沒用。這些話其實全都在講述同樣的道理。

我向來就不是一個會為自己解釋的人，因為如上所說，相信我的人根本就不需要我的解釋。也因為我向來認為，我的每一步只要對得起自己就好，所以對於不認同我的人，我大多會歸類為天生頻率不合。或許也因為這種個性，所以當人們在被我刪除了留言而更加憤慨地斷言「我鐵定是錯的，才會沒有辦法面對他人的指責」時，我其實很想說，這與對錯無關，而是比起向你們說服我是對的，我更害怕浪費自己的時間，也討厭髒了自己的眼／平台。我也不知道是哪裡來的自信，讓我在面對這種無厘頭的批判時，不會第一時間思考自己有什麼問題，而是會立馬決定這一定是對方的問題。現在想想，如果我是個玻璃心的人的話，那麼當初高等靈魂是不是就不會選擇我走上這條艱辛的靈性旅程。

或許是從一開始就有「這是條辛苦的路」的覺知，所以老早就有被批評的心理準備。也因為這樣的心態，所以我讓自己的每一步都走得更踏實，清楚地衡量著自己知道什麼與不知道什麼。我從來就沒有說過自己知道得很多，在廣大的宇宙之下，百分之二已是我可以誇大的最大極限。或許真的有人知道得比我多，但那些認知並不一定適合套用在我的身上。我的認知不需要任何人來認同，只需要我適用就可以了。就如同我的分享也不一定適用在每個人身上，各位只需要拿適合的去用就行了。靈魂具有獨立個體性，絕對沒有任何一套法則是適用在每個人身上的，每個人都只能盡可能地找到最能符合多數人的答案。

Tony Robbins 在 TED Talk 裡有場演說叫「Why we do what we do」。演說中提到人有六個驅動／激發人類的所有行為的基本需求（動機）。分別是certainty（確定性），variety（多變性），love（愛），significance（重要性），growth（成長性）以及contribution（貢獻性）。這說明了人們在做任何行動的時候都是有動機的。那麼請各位換位思考一下，一味地想要證明自己是對的，符合以上的那一個需求呢？因為害怕自己不重要，所以才要透過表現出自己是對的以證明自己的重要性，不是嗎？當一個人極力地向他人證明「我是對的」，不也間接地坦白了「我是錯的」？在工業時代教育的影響之下，人們習慣透過貶低他人來證明自己的價值。但真正的價值不需要透過貶低他人而得到，也就是說，不管別人是對是錯，重要的是適合他自己用就夠了，不是嗎？

輪迴是條自私的旅程，重點不在於別人懂，而是自己能夠理解就足夠。為了讓自己變得更好，我的所有分享都是屬於我靈魂的體驗，它可能不適合你用，但我也沒有向任何人證明的必要。因為不管任何人都沒有權力告訴我該如何掌控我的人生，我只需要在自己的能力範圍之內，盡力地做到自己覺得最好的程度就夠了。

除了這個小小的抱怨之外，更重要的是希望大家可以清楚地知道輪迴是條專屬你的旅程。有些時候我們可能在無邊際的網路上迷失了自己，給予那些按讚、喜歡／不喜歡我們的人、喜歡批評指教（但其實你連名字也叫不出來）的人太多的權力，反而忘了我們之所以投胎的目的，也不自覺地為了討好他們而忘了自己。

在資訊發達的時代，人們可能會在網路上遇到很多惡意中傷你的人，他們會用各種的言語來攻擊你，更試圖證明你是錯的，但是我想要說的是，你的人生不需要向任何人證明，只要對得起自己就夠了。與其浪費時間貶低自己，順了他人的意，你更應該靜下心來，仔細地思考自己的這一段旅程究竟是為誰走的？別人的意見是否真能讓你成為更好的人？如果這真是我想要的樣子，又何必為了他人的個人觀感而改變自己的人生？別人並不能替代你活出你靈魂想要的領悟，不是嗎？只要你問心無愧，就不需要得到他人的認同，也無需向任何人證明你是對的。因為就連神也不能讓所有的人滿意。所以讓那些不斷想要證明你是錯的人，獨自地活在害怕別人發現他們是錯的恐懼裡吧。而你，可以抬頭挺胸地繼續活好對得起自己的人生喔。

為什麼我們會感到如此寂寞

對應頻道第 147 集

在諮詢中常有客戶問我：「為什麼我永遠找不到真愛？為什麼自己永遠與這個社會格格不入？為什麼工作都得不到上司的賞識？為什麼家人總是不在乎自己？……」雖然每個人的問句都不太一樣，但到頭來，其實都只是在詢問自己為什麼會感到如此地寂寞。

在回答這個問題以前，我想要先與各位分享個小故事。有一天跟朋友吃飯時，她問：「我們為什麼要來投胎？」其實靈媒當了這麼久，我發現這個問題的答案真的很簡單，就是連結（Connection）。當然，我這裡說的連結不單單只是人與人的，還包括人與動物、生物、自然、宇宙的任何連結。靈魂在投胎之後會擁有可以感受的身體，而這些感官可以幫助我們去體會與了解，進而與所有的生命重新連結。無論是透過擁抱所產生的溫暖，還是透過一起歡笑所感受到的喜悅，這些感受在靈魂的狀態下都是感受不到的。靈魂透過投胎才能產生五官六感去體驗這個世界，並與所有的生命重新連結。宇宙像是個沒有邊際的網路，將所有看得到與看不到的東西緊緊地串連在一起，當我們自以為孤立的時候，我們與許多的存在都是一體的。在靈魂狀態下，有很多真實的感受無法被體驗到，也因為感受不同，體會自然也會有所不同。這才是我們之所以投胎的原因。

不過，連結雖然是我們之所以要投胎的重要一環，但在人類的邏輯影響之下，我們還是習慣性地會孤立自己。我們因為有社交障礙而理所當然地不跟任何人接觸，因為害怕被他人批判所以總是跟人們保持距離。當我們變得比較富有、更高權位、更多力量時，我們也喜歡把自己孤立出來，因為我們從小被教育高處不勝寒，所以刻意與一般人拉開距離也更能夠突顯自己的與眾不同。

此外，我們還被教導用科學的思考模式去解釋所有的東西，凡事都要眼見為憑。摸得到、看得到、說得出來的才是存在的，有辦法解釋的才是合理的。然而這樣的思維卻限制了靈魂的成長，過度依賴邏輯來解釋自己所感受的一切，最多也只能讓大腦開發到百分之十。就像古時候看到飛機會叫大鳥一樣，在邏輯底下，很難去解釋不存在的字彙，更不用說這宇宙底下有很多東西在文字還沒有被創造以前就已經存在。但是在必須有文字才能夠吸收的前提下，人們可吸收的程度真的很有限。就舉個最簡單的例子，小孩一出生就感受得到喜怒哀樂，也感受得到身旁的能場，但是他們卻沒有任何的語言來輔助他們。然而在成長的過程中，他們所看到的每一樣東西都被賦予了名詞，這也漸漸地教育了他們，沒有辦法用文字表達出來的都是不存在的，也導致他們的感官會隨著成長而減少，對外的連結度也會因此受到限制。

過度依賴文字與科學的社會，讓我們迫切地想要合理化一切，但也限制了我們的感官，這才是我們之所以會感到寂寞的主要原因。我們想要跟別人一樣，但又想要跟別人不一樣。雖然我們投胎是為了連結，但是社會環境的教育卻讓我們把自己孤立了起來。為了害怕他人看見自己的不夠好，又或是為了突顯自己的優秀，我們反而切斷了與這個社會的種種連結。靈魂本身就是屬於宇宙的一部份，在還沒有投胎之前，你的振動頻率與這個宇宙都是共振的，但在投胎以後，教育卻讓你相信自己必須與所有人區分開來。我們要親眼看到才能夠相信，我們要找到跟自己一樣的人才叫門當戶對，我們要變得夠好才有資格發聲……。雖然我們總是在尋找歸屬感，但是我們每天的生活作息卻充滿孤立自己的舉動。與此同時，我們又不斷地被教育生命中一定要找到對的人才能夠完整，有人幫忙才能夠被救贖，我們總是想愛又怕被傷害，想要有歸屬感但又怕被拋棄的矛盾中掙扎著。

我們之所以感到寂寞的最主要原因是我們失去了那個連結。我們失去的不只是與外在的連結，更重要的是失去與自己的連結。我們被教育只能跟同樣的人玩，只能做同樣的事，我們在工業社會的模式裡漸漸地失去了自己。我們不再知道自己要什麼，總是在滿足別人希望從我們身上得到又或者是要我們去做到的。因此，就更不用說是跟人以外的任何東西連結了，鬼不存在，神不存在，精靈不存在，樹也不會說話，花草樹木都只是裝飾品罷了。教育教導我們切斷一個又一個的連結，非但讓我們再也感受不到這些事物的存在，也讓我們愈來愈顯孤單。

人從出生開始就跟這個宇宙連結，失去了連結，自然會感覺到孤單。一旦你開始找回連結的時候，孤單的感覺自然也會消失。當然，有很多人可以用種種的證明來說服我連結這件事有多難，可能是你的社交障礙，也可能是那些從未讓你感受過愛的親人們。但是，所謂的連結不單單發生在人與人之間，而是可以與任何有生命或是沒有生命的事物做連結。有人在美食中找到自己，有人在宗教裡找到自己，有人在登山健行中找到自己，這之間的關鍵點都在於：**這個社會不管再怎麼改變，你都不應該失去自己**。你喜歡什麼？又想做什麼？好好地思考你要如何跟自己重新連線，慢慢地把自己找回來。從一件事變成兩件事，兩件事變成三件事，當你愈來愈能夠找到自己的時候，你自然就不會再感到寂寞。

沒有人天生就是寂寞的，這從剛出生不久的小孩身上就可以看到最明顯的印證。所以不要讓這個社會和語言説服你「你是孤獨的」。運用你投胎時帶來的感官好好地感受這個世界，去感應自然萬物與你之間的連結，勇敢地克服恐懼去找到自己，這全都是讓自己從這寂寞的牢籠中掙脫出來最好的方法，也會吸引到志同道合的夥伴喔。

問與答：為什麼會有同性戀？

對應頻道第 149 集

在多年諮詢以來，我很常被問到為什麼會有同性戀。其實坦白說，我並不知道該怎麼回答這個問題。因為這個問題之於我，就好像是在問為什麼會有太陽與月亮的意思。不過既然有這麼多人問，那麼我就試著用自己的方法解釋看看，但它不一定是標準答案，只是以我的個人視角稍微分享我的淺見，希望未來不需要再回答這樣的問題。

我之前提過，一個人的認知與他的環境有關，無論是宗教、文化、生長環境、社會教育，全都是可以影響到他的個人觀感的元素。若我的宗教信仰不認同同性戀的話，那我相信我的回答就會認定這是一件錯誤的事。但我恰巧是個非常不虔誠的佛教徒，所以也只能以非常不專業的佛教視角來解釋這件事。與基督教不同，在佛教裡沒有任何一條明文規定指出同性戀是有罪的。在亞洲的環境中，人們平常就不太會把性相關的話題掛在嘴上，就更不用說是同性戀議題了。所幸近幾十年來的資訊發達，讓愈來愈多人有接觸多元議題的空間，也慢慢地拓展人們對不同議題的接受程度。

我從以前就不覺得同性戀是錯的，可能是因為從來沒有被這麼教育過，也很可能是因為我本身就是個怪咖的緣故。同性戀在我成長的年代雖不常見，但也不是沒有，更何況我向來就不覺得「稀有」就代表錯誤。我曾經說，對與錯的觀感是人類的個人意識所創造出來，為的是讓我們更了解彼此，也更清楚我們應該遵循的方向。雖然這樣的觀感不一定適用在所有人身上，但是隨著它得到愈多人的認同與普及化，它自然成了一種不可推翻的法規。但記好，這種對錯是由個人主觀意識所創造出來的，並讓人類信以為真的相對論。在宇宙底下並沒有所謂的絕對。我們的背景會決定我們所理解的對與錯又是什麼。

舉個例子來說，對一個從小就讓兩個爸爸養大的小孩來說，兩個爸爸這件事本身並沒有錯，都是愛他和照顧他的人。但是一旦他進入到社會群體中，他身旁的小朋友、師長、其他家長對於這件事的反應，會讓這個小孩開始發展出對與錯的判斷。但若是這個小孩從一開始就是在一個全區／國家都是同性戀的環境長大，那麼在他成長的過程裡，自然不會覺得同性戀有什麼奇怪的。這個簡單的例子讓人們可以理解為什麼我們的環境、文化、教育、宗教可以決定我們的認知，進而讓我們藉此判斷所謂的對錯，但這個對錯最終是為了幫助自己的，卻不一定適用於宇宙的整體。當大部份的人覺得是錯的事情，並不代表真的就是錯的。就拿同性戀來舉例好了，當他的性別喜好跟你不一樣的時候也不表示他們是錯的，那最多只能表示他與你的不同。

我曾說過這個世界上如果有你想不通又無法理解的問題，那麼就把它們套用在自然萬物裡面。如果適用又合理的話，那它就是正常的。當然很多人還是會拿這段話來跟我爭辯，說天底下萬物都是男女交合，同性交配是不存在的。但是你確定嗎？你知道小丑魚天生都是公的嗎？唯有在牠們找到適合對象的時候，牠們會當場從雄性轉化成為雌性，進而幫助牠們延續後代。這是一個沒有人教導的自然生物反應喔。所以若是以小丑魚的視角來看，男生喜歡男生本來就是天經地義的事，不是嗎？

還有，各位知道在最遠古的印第安人時代，其實承認有五個性別存在嗎？這五個性別包括男性、女性、想要成為女性的男性，以及想要成為男性的女性，而第五個性別則是同時存在男性女性特質的人。在宗教還沒有影響到個人意識以前，印地安文化是公然地接受這五種性別喔。

如果這還不能說服你，那麼我們用最基本的陰陽圖像來舉例吧。陰陽可以代表個體，也可以代表群體。陰代表 Feminine（女性化的一面），陽可以代表 Masculine（男性化的一面）。在任何一個主體裡都會同時擁有陽性與陰性，用性別喜好來解釋的話，也就是每個人身體裡都或多或少地喜歡與自己相同的性別。也就是說每個人除了欣賞異性之外，其實也會欣賞同性。只是欣賞異性較多的人被社會歸類成正常人，而欣賞同性較多的人被歸類成同性戀。但這個比例多寡也不能標示他們的對與錯，單純就是個人喜好不同罷了。想像每個主體裡都是陰陽共存的，陰陽裡包含陽性與陰性，男性與女性，正面與負面，光明面與黑暗面。所以在追求一個完整的圓滿時，不能只是一味地追求自己的光明面，也要學會擁抱自己的黑暗面才是。

除此之外，陰陽圖以外的八卦所對應的正是陰陽互動裡的各種比例。由八卦延伸至六十四卦，在陰陽圖還沒有廣泛被介紹到西方國家以前，其實陰陽總是伴隨著八卦的。版主我不是專家，所以也只能用簡單的方法向大家介紹。有興趣的人可以上網找更多的資料。我們聰明的祖先們曾說過這個宇宙的所有（自然）現象，都是由八卦所產生的。每一卦、方向、組成元件，都是由三條線做為代表。八卦裡的長線代表陽，兩條短線代表陰。所以如果大家仔細觀察八卦裡的陰陽線圖的話，就不難發現極陽和極陰都各自是理所當然的存在。而我們大部份的人則是屬於不同陰陽混合的比例，也就是整個八卦裡的四分之三。如上所說，雖然我們是大多數，但那並不代表我們就是「對的」一方。古時候的斷袖之癖在東西方都略有所聞，只不過當時的資訊並沒有像現在這麼發達，所以並不常見。但稀有並不等於錯誤，特別是宇宙底下的愛應該是不分男女老少、貧窮富貴的，當兩人相愛的時候，那應該是最美麗的事，怎麼會因為性別的不同而去質疑愛的本質呢？

這是這麼多年來，我一直不知道要怎麼回答這個問題的原因——既然不是個問題，又有何回答的必要？我不覺得同性戀者具有與正常人不一樣的元素，也不認為他們是哪裡出了錯。一個人的性別喜好只有他自己最清楚了。身為異性戀的人都知道要強迫自己去愛上一個討厭的人是多麼生不如死的事，那又怎麼無法了解強迫同性戀去喜歡異性會是件多麼辛苦的事？如果同性戀真的是錯的，那麼大自然底下就不會有那麼多無性、抑或是性別可以自動轉換的動物、生物給大家做為借鏡與參考。每個人體內都有陰陽的比例，比例多寡並不能決定你這個人的對與錯。愛應該是再自然不過的事了，你可以決定自己的性向喜好，但是你沒有決定他人性向喜好的權力。當人們找到自己的幸福時，無論是什麼性別，我們都應該為這難得的愛而慶祝，不是嗎？

這篇文章只是按我個人淺見做分享。如上所說，我沒有任何宗教背景支援，所以如果我的觀感冒犯了你，我深感抱歉。但我真心希望，在我們極力證明自己是對的當下，好好地思考一下什麼對靈魂來說才是最重要的吧。對一個「正常」的異性戀來說，光是想要找到真愛就已經是那麼困難的事了。不管我們贊不贊成同性戀，能夠看到有人相愛就是件值得高興的事，不是嗎？這難道不會讓我們對愛情更有一線希望嗎？為什麼會有同性戀？這個問題之所以不是問題，那是因為他跟你我一樣，都是清楚地知道自己要什麼，並渴望得到愛的人啊。

Chapter 4

處理自己的否定句

開始著手處理你的否定句

對應頻道第 104 集

不知道大家知不知道什麼叫做「否定句」？我們活在一個習慣性比較的社會，從小就被教育什麼是對的、錯的、好的、壞的，也漸漸地創造出一套制式的標準來讓我們評斷自己的好壞。「否定句」是那些我們的邏輯已經認定是不好的句子，所以當我們把這些句子套在自己身上時，就會反射性地想要為自己辯解。例如當我們聽到別人說我們很懶／笨／難看……時，會第一時間地想要為自己辯護，也很可能會在未來花很多時間去證明他們說的不是真的。在這麼多年的諮詢以來，來找我的客戶裡面也不難看到不斷想要向社會／父母／公司／團體證明自己的人。

但我想要說的是，否定自己其實是每個人在靈魂的成長過程中，都必然會經過的第一個階段。但可惜的是很多人往往在這個階段就被擊垮了，根本就沒有機會知道自己的下一步該怎麼走。再加上在一味地被外在否認的狀況下，人們也開始否定自己的個人價值。我們會花很多時間來證明別人加諸在我們身上的否定句是錯的，而消耗掉原本應該用來投資自己的時間。舉例來說，假設住在國外的我碰巧遇到一些有種族歧視的白人罵說亞洲人都是笨的，那我就會想要去向他證明亞洲人不笨。但是我大可以不理會這樣的評語，而把那些證明自己的時間投資在做自己想做的事情之上。又或者是當別人嫌我好吃懶做、什麼事都不做的時候，雖然我清楚地知道這句話不是事實，但是為了證明對方是錯的，我就會想要把更多的事情都攬到自己的身上。如果你也有這樣的經歷，那麼你就會發現我們其實花了很多的時間對抗那些強套在我們身上的否定句，努力地想要向外界證明自己並不像他們想像的樣子。

但是大家應該也聽我說過好多次：靈魂的旅程是自私的。以靈魂的角度去思考我們所安排的一切，無論是人生藍圖、功課、平台……，最終目的都是為了讓自己的靈魂變得更好。為了讓自己的靈魂可以很快地到達那個目標，我們創造出自己的個人意識做為評斷標準。在這個情況下，別人眼裡的好不等同於我的標準裡的好，別人的批判也不是我的現實，我們花了那麼多的時間就只為了向他人證明他們是錯的，但重要的是，從靈魂的觀點來看，別人眼中的好壞對錯並不能幫助我們的靈魂創造出我們想要的未來。

與其一直把時間浪費在證明他們是錯的，我覺得更好的方法是反向思考「如果他們是對的，又怎麼樣呢？」我花了大半輩子的時間想要證明自己不是個靈媒，因為我害怕人們覺得我不正常。一直到靈學旅程的過程中，我突然自問：「不正常又怎麼樣呢？」在這麼自問的當下，我感覺到如釋重負。我發現當人們可以換個角度思考時，同時也給予自己很多進步的空間。因為當自己如此反問的時候，我會開始出現「所以呢？」「然後呢？」又或者是「那我可以怎麼做到我想要的呢？」這些都可以讓我在當下放棄那種極力想要向他人證明自己的焦慮。

所以如果你很快地又捕捉到自己反射性地在否認這些否定句的時候，與其急著爭辯「我沒有」，或許可以換個角度思考「如果我有，又怎麼樣呢？」此時此刻的你是你想要以及喜歡的樣子嗎？如果是的話，又為什麼要因為他人的標準而改變？如果不是的話，那你的標準又是什麼，可以如何改變？每個靈魂都具有獨立個體性，別人的不認同並不表示就沒有存在的必要，每一個人都在這個社會中扮演著重要的角色。他人的不理解也不能抹滅你的個人價值以及生存的意義。與其用別人的標準來衡量自己，倒不如好好地活出自己的人生，別人的意見僅供參考就好了。但記好，允許自己這麼思考的前提是要有為自己負責的能力，而不是一味地依賴他人供養，還一副「只要是我喜歡，沒有什麼不可以」的態度喔。

在靈魂的成長過程中，被否定是必然的過程，因為人們往往會在被否定以及想要證明自己的過程中找到自己的價值。但是在被他人否定的當下，不要讓它養成一種自我攻擊的習慣，因為這樣的習慣才是真正讓個人價值低落的主要原因。與其一味地想要向他人證明自己，倒不如回過頭來好好思考自己究竟想要成為什麼模樣，以及如何可以讓自己改進以達到那個目標。每個人為了自己的靈魂旅程都會創造出屬於自己的主觀意識，這樣的觀感其實只適用在自己身上，但並不一定適用他人。所以與其允許他人否定的聲音不斷地像是唱盤跳針般，在自己的腦子裡重複播放，更重要的是透過它們來找到自己真正想要成為的樣子。著手處理自己的否定句，就從那些常聽到又習慣反駁自己的句子開始：好好地思考這是真的嗎？你覺得呢？你想要的樣子又是什麼呢？又如何可以靠著自己的努力達到那個目標呢？那麼有一天你就會發現別人說什麼根本一點都不重要，重要的是你已經成為那個一直以來想要成為的自己。

人生藍圖與你所創造的實相的矛盾

對應頻道第 108 集

今天來回答一個我很常被問到的問題，那就是；**如果每一個人的生命藍圖都是早就鋪陳好的，那麼在一切都是固定不變的情況下，我們怎麼創造出自己的實相？這難道不是互相衝突的嗎？**

這兩件事其實是完全沒有衝突的。我覺得人們之所以會困惑，是因為人們對於所謂的「生命藍圖」大多定義在結果的實質事物上。也就是你會得到、擁有什麼，像是房子、車子、工作、存款、另一半等等。但其實「人生藍圖」不在於你擁有什麼，而是你這個靈魂可以從這段旅程中學到什麼。為了得到這個領悟，你因此選擇了自己的父母、平台、個性優缺點、功課、事件……，甚至是自己的外表。這中間的種種過程，都是為了將你推向那個領悟，好讓你在死後還可以繼續運用這樣的領悟去進化。也因此，「人生藍圖」與任何你死亡之後帶不走的東西一點關係也沒有。所以當你在討論「人生藍圖」時，你的焦點應該著重在靈性的修行上，例如待人處事、學習愛與被愛、接收與付出、原諒與寬容、喜悅與富足之類的議題，然後再透過生活經驗以及與人的互動當中學習到這些功課。這也是為什麼我一再強調「人生藍圖」一般是遠大的目標，為了達到這個目標，進而去鋪陳適合的人生功課，再藉由人生的功課需求去安排平台、角色與情境……，然後建立在每個靈魂的獨立個體性上，即便每個人的功課看似一樣，但所安排的平台、角色與情境也會有所不同。

所以如果大家了解了生命藍圖的意義，就會了解藍圖的創造在於你的靈魂想要的「架構」，即便你是用不同的材料去組織這個架構，它仍舊不會去改變這個架構本身的用途。那麼關於創造你的實相（「實相」本身就是你的現實（Reality），也就是你可以觸及到的任何物質），如上所說，如果你的人生藍圖是要創造一個家，那麼無論是用什麼材質、方法去創造出這個家都會是你的實相。舉例來說，一個五歲小孩的富足很可能是一支棒棒糖或是冰淇淋，但對一個四十歲的人來說，這兩樣東西很可能都不會讓他感覺到富足。因為你的實相會隨著你的成長而改變，不會是固定不變的結果。也就是說如果你的內心覺得富足，那麼你在四十歲所得到的物質會等同於你五歲時所得到的物質一樣讓你感到快樂。有很多人來問我，為什麼我擁有了一百萬還是不快樂，那是因為宇宙從來就不在乎你要什麼，而只著重在你是什麼。所以如果你的內心是感到孤單的，那麼就算你得到你願景板上的一百萬，你還是會感覺到孤單。**大部份的人誤以為是透過創立實相來完成人生的藍圖，但真正的做法其實是先確立自己的人生藍圖再來創立實相**。

這個做法是不斷地反思自己是什麼？要什麼？追求的感覺是什麼？以

及如何為自己創造出那樣的感覺？在不受到外在環境的影響之下，自己是否可以不斷地感受到那樣的感覺？延續上面的例子，**你的焦點不應該是放在那一百萬，而是當初設立一百萬的目標所追求的感覺究竟是什麼？**又例如，有人覺得自己只要遇到真命天子就可以感受到愛的感覺，但為什麼愛的感覺一定要有其他人出現，你才能夠感受得到？難道你一個人沒有辦法創造出愛自己的感覺嗎？如此不斷地來回省思，才能夠讓你的意識與靈魂更加地產生共識，而這個共識才是宇宙會回應你的振動。

所以，「生命藍圖」是靈魂在輪迴的過程裡想要得到的一種領悟，而「創造實相」是達到這個領悟後，宇宙所應合的種種物質（外在）條件。它會隨著你的成長與進化產生不一樣的改變，這兩者之間是沒有任何衝突與矛盾的。時常省思自己是否在正確的軌道之上，面對挫折時可以勇敢地再站起來。如果一直賺不到願景板上的那一百萬，那就好好思考當初設立這個目標的動機到底是為了什麼？以及現在的你是否覺得自己值得？其實很多人之所以無法創造出自己的實相是因為一直允許自己沈浸在過去的傷痛裡，不停地被自己的內在小孩支配著而沒有任何自知。設立目標才能有清楚明確的前進方向，而不是一直讓過去的經驗來創造出與過去相同的結果。了解自己的藍圖是什麼，你自然可以創造出任何你想要的實相喔。

個人主觀意識與期待

對應頻道第 110 集

這篇文章想跟大家討論「個人主觀意識」與「期待」的差別。這個討論源自於之前閱讀到的一篇文章叫做「這世界上有一種苦叫做你覺得他很苦」。內容基本上就是談情侶們常常會用個人的主觀意識去評價另一半的行為，進而斷定他們的生活是不是很苦。在文章中的心理醫生反問：他們真的很苦嗎？還是你覺得他很苦？這篇文章讓我同時想起了民間流傳的一句話，叫做「有一種冷叫做阿嬤覺得你冷」——不管天氣怎麼樣，阿嬤永遠會覺得孫子穿得不夠暖。

之所以拿這兩個例子來與大家討論，是為了讓各位可以清楚看到所謂的「個人主觀意識」究竟是什麼。說穿了，就是人們常常掛在口中的「我覺得……」。這往往是為了幫助靈魂們克服或者是去面對自己的人生旅程所塑造出來的感覺。但我們總是習慣性地將這樣的感覺加諸在別人身上，卻沒有意識到當我們把自己的主觀意識加諸在他人身上時，也會同時對他們形成一種期待，進而轉換成一種壓力。也就是說，當有人說我覺得你這麼做會比較好，並不表示那真的就對你比較好。或者有人告訴你我覺得你應該怎麼做才會成功，也並不表示那真的可以幫助你成功。個人主觀意識是為你創造出來的，並不一定適用於別人。

我最常看到的是父母加諸在小孩子身上的期待。父母會用自己的觀感以及經驗，來告訴小孩該怎麼做才可以創造出更好的（或者是父母所期待的）結果。但卻沒有意識到那種自以為是的提醒非但得不到想要的結果，反而還會讓聆聽者感受到壓力而造成反彈的行為。這種強行將個人主觀意識轉換成期待的句子裡，最常出現「應該」兩字。你應該多讀點書、多運動、多認識朋友、多多社交……，雖然這些話從父母口中說出來是理所當然地為你好，但是卻沒有意識到這些句子間接反映的訊息叫做「你不夠好」。因為你不夠好，所以我才要告訴你要怎麼做得更好。當你的口中說出「應該」的時候，其實它就已經是一種期待，這也是為什麼期待總是讓人受到傷害的主要原因。

我的老公就是一個很喜歡用「應該」兩字的人。這讓我很常跟他開玩笑說：「你如何期望一個一直覺得自己不夠好的人，將來可以成為一個領導者？」當人們口中說出「應該」兩字的時候，句子本身就已經是一種期待。如果不知道這種期待是否合理，那麼最好的方法就是試著套用到自然萬物上。你是否曾經見過任何的動物去建議／訓斥他的小孩「應該」怎麼做？大部份都是以身作則地示範再示範，直到小孩理解以及學習了為止。如果你覺得某種飲食習慣是健康的，那麼最好的方法就是身體力行，小孩久而久之自然會受到影響，抑或是被啟發地跟著你吃同樣的東西，而不是你自己成天吃著垃圾食物，但卻總是期望小孩可以吃得健康一點。

由於我們從小就習慣別人將他們的個人主觀意識加諸在自己的身上，導致我們長大以後也會不自覺地對他人有所期待。我們的期待不單單只是針對家人、朋友、愛人，有時候甚至會擴及公司、社會、國家。但是建立在靈魂的獨立個體性上，每個人的架構、平台、旅程都是不一樣的，以致於你所給的「建議」無論多好、多有效，永遠只能僅供對方參考。因為你的好不等同於他的好，而你覺得也並不表示對方也這麼覺得。

我常說「靈魂的旅程是自私的」。我知道大部份的人都不喜歡「自私」兩字，但是如果大家退一步思考的話就會發現，不管你的生命中出現多少人，在你的生命中扮演著什麼樣的角色，你永遠沒有辦法二十四小時跟在他們的身旁，甚至是知道他們在想什麼、做什麼。你能夠無時不刻二十四小時相處的，只有你一個人。在諮詢的時候，常常有人跟我抱怨：為什麼沒有人可以出現來照顧他們？如果你真的了解靈魂是條自私的旅程，那你就會知道：全世界可以照顧你的人（那個二十四小時可以陪伴你的人）真的就只有你而已。

所以與其總是期待有個人可以出現來好好照顧你，為什麼不換個角度思考：只有自己可以無時不刻地照顧好自己。當你期望別人的日子過得更好的時候，你有沒有反思，自己有沒有這樣在過日子？當你覺得別人這樣吃會比較健康的時候，自己是否也執行這樣的飲食習慣？所以與其不斷地把你的個人主觀意識強加在別人身上，倒不如把它們當作一種分享，讓人們可以自行選擇那樣的建議究竟適不適合他用。一旦你的句子裡出現「應該」兩字，那就表示你已經有所期待。一旦有所期待，就很容易因為他人不遵從你的期待而感受到傷害。

了解每個人的獨特性，就會尊重每個靈魂都有自己的旅程。我可以以身作則地分享我覺得不錯的建議，但至於這個建議能不能啟發對方，便不是我可以決定的事。如果人們不被啟發，那或許代表我們正走著不一樣的旅程。既然靈魂的旅程是自私的，那表示我們只在乎自己的靈魂可以從這一輩子裡面學到什麼、得到什麼、領悟到什麼，又如何可以藉由彼此的互動讓自己變成一個更好的靈魂，說穿了，靈魂只在乎死後可以帶走什麼，不是嗎？每一個靈魂都有自己的旅程，每一個靈魂都是獨特的。既然每一個人都是獨特的，那你就會了解自己的個人主觀意識不管適不適用在他人身上，它絕對都是適合你用的。所以當你覺得某些方式可以讓你更快樂、更幸福的時候，不要把那樣子的東西轉換成對他人的期待，倒不如反問自己，如何將這樣的認知套用在自己的身上，讓自己成為一個更好的人，而不是強加在他人身上，間接地傳遞出「你不夠好」的訊息。

了解「個人主觀意識」與「期待」的關聯，就可以讓自己減少受困其中的機會。當你覺得自己什麼事都不能做的時候，好好地思考自己是否真的如你以為的無能為力？還是受困在自己的個人主觀意識（他人的期待）之中？一旦你有這樣的覺知，相信你就可以慢慢地注意到這個世界上其實充滿很多的可能喔。

處理自己面對家人的態度

對應頻道第 115 集

這篇文章要跟大家分享的話題是一個我很常被問到的問題：處理自己面對家人的態度，如何可以幫助自己創造出想要的未來？

在過往的諮詢經驗裡，常有人問我關於金錢、愛情和健康的問題，但在追根究柢之後會發現，這些貌似不相干的問題，往往與人們面對家人的態度有很大的關係。人們在處理問題的時候，會習慣性地針對問題本身去分析，卻常常看不到這些問題跟他們面對家人的態度上有其關聯性。就好比憂鬱症患者覺得吃抗憂鬱症的藥就可以抑制病情惡化，卻不知道為什麼要多出門運動，多認識朋友一樣。

從以前到現在，我就不斷地重覆提醒，我們的靈魂之所以投胎，其實就是為了成為一個更好的自己。為了達到這個目的，我們鋪設了平台、選擇了父母、兄弟姊妹，還有生命中來來去去的人事物，並透過其中的互動來造就出許多可以讓靈魂練習克服功課的平台，進而激發自己成為一個更好的人。

之前的文章曾分享過，我們透過所選擇的父母而創造出我們的平台。在這個平台底下，我們會在五到十歲這個階段形成人生的課題。這些課題不是由你的父母製造出來讓你的日子難過的，往往是因為靈魂本身就有這樣的問題，所以選擇了可以在最短的時間內創造出這些優缺點的父母以及平台，讓靈魂在接下來的日子裡去學習處理並克服這樣的課題。（這個內在小孩的形成通常帶著一些自以為是但卻不真實的句子，例如：我不夠好，我沒人愛，我會被拋棄……等等。這些錯誤的信念會在接下來的日子裡主導你的人生，甚至讓你信以為真。爾後進入中年，你應該會有不一樣的領悟，進而激發你想要為那樣的問題找到解決方法，並得到靈魂想要的進化。）

只不過大部份的人沒有這種認知，我們深信家人所創造出來的痛苦是為了折磨我們的。很多時候，我們會因為這樣的信念而過度保護自己的內在小孩，甚至是選擇遺忘以保護自己。我們相信只要自己變得不在乎，那麼就不會再受到傷害。這導致人們不會去正視自己的問題，反倒會用遺忘或是佯裝不在乎來掩飾內心深層的傷痛。

我們的實相都是由靈魂的設定所創造出來的。即便你再怎麼說服自己不在乎，但是內在小孩還是感受得到傷痛的情況下，你並無法真正地創造出你想要的未來。在你的內在還是不斷地批評自己、指責自己的當下，你無法找到真正愛你的人。由於內在小孩的設定是由你所選擇的家庭所創造出來的，所以人們談感情的時候，往往是由自己的內在小孩在主導。缺乏安全感的人會在情侶關係中尋找安全感，小時候被拋棄的人會在關係中隨時擔心自己會被拋棄。家人在我們小時候所創造出來的傷痛，往往會成為我們在關係裡面害怕被二次傷害的焦點。

很多人想要遇見靈魂伴侶，但卻害怕表達自己，缺乏與人連結的能力。當被要求去面對他們與父母之間的問題時，他們總是推說自己一點問題也沒有，又或者是父母已經離世，他們便認為沒有解決那個問題的必要。他們口中的「放手」其實更像是一種選擇性遺忘，好讓自己不去思考那些傷痛的過去，可以假裝沒事。然而，卻不知道當他們在陳述的時候，他們的內在小孩在我的眼中是顯而易見的。傷痛並沒有被解決，只是被他們選擇擱在一邊罷了。

當然，當我說「處理自己面對家人的態度」時，並不是代表每個人都必須跟家人們達到和解以及和平相處的態度。我曾經說過「原諒並不表示接受」，要你原諒一個人並不表示你要接受這個人的全部。不是所有父母都是善良的，也不是每一個人都是值得被原諒的。既然如此，我們又要如何去處理自己面對家人的態度呢？其實關鍵在於「Acknowledgment」。這個字最好的解釋應該是：了解以及理解自己為什麼會選擇這樣的平台。平台是為了創造功課而設立的，有了功課的產生才會讓我們想要去克服它。內在小孩往往會因為你的年紀愈大而愈會隱藏自己，甚至會有許多名正言順的藉口來說服你相信一個錯誤的信念。所以與其選擇讓自己遺忘，又或者是裝做一點都不在乎，我更希望各位可以認真地去面對那個受傷的內在小孩。了解他為什麼選擇了這樣的平台，以及想要克服的功課是什麼。好好地跟他進行深入的對話，讓他不要一味地選擇躲起來，而是和他一起思考解決的方法。

舉例來說，一個在情緒化的父母教養下長大的小孩，成年後可能會選擇三緘其口，因為害怕對方過大的反應而不敢表達自己內心的想法。但這樣的行為不單單只侷限在他與家人的互動當中，而是會反應在他與所有人的關係裡面。他會理所當然地覺得自己本來就是話少的人，但其實是不自覺將每個人反射成他所害怕的情緒化家人。因為不知道自己會從對方身上得到什麼樣的反應，所以將自己的情緒全部保留在心裡成了最安全的決定，但這樣的行為也拉開了他與他人的距離。

如果你能清楚自己的課題並知道如何克服，你會了解自己當初為何選擇這樣的父母，以及想要改善的錯誤認知是什麼，進而透過現實生活的練習去改變這種三緘其口、不表達想法的習慣。這樣的理解（Acknowledgement）或許不會改變父母的行為，但卻會改變你再次去面對父母的態度。**你是否允許自己繼續被傷害？還是在互動中找到保護自己的方法？藉由不斷的反思會讓你在現實生活裡尋找在自己想要的與可以改善的生活態度**，並幫助減輕許多壓力，也會讓你不再允許那個受傷的內在小孩來掌控自己的人生。**你所感受到的自由，會讓你不再將自己套入過去的公式，創造出與過去相同的未來，而是依照你想要的未來去建立新的習慣，而你的實相也會因為新習慣的產生，而慢慢地被創造出來。**

靈魂投胎是一段自私的旅程，每個靈魂都只在乎自己死亡後是否可以成為更好的靈魂。既然如此，就表示生命中種種的不如意並不是為了來證明你不夠好，而是希望藉此激發你成為一個更好的靈魂。**如何突破這樣的困境，為自己找到出路才是你的靈魂真正想要的**。這也是為什麼一味地逃避並不能幫你成長。宇宙下的一切都是一種震動，無論是金錢、愛情還是健康。在同頻相吸的情況下，你首先要做的就是讓自己成為相同的頻率，那麼你自然可以吸引到相同的振動。習慣逃避問題的人，會吸引同樣會逃避問題的人靠近，總是覺得自己不夠好的人，會吸引到喜歡證明你不夠好的人靠近。你的內在小孩想的，往往不是你的靈魂真正想要的。內在小孩信以為真的錯誤信念往往是功課，而你的靈魂之所以投胎正是為了克服那個功課，而不是印證內在小孩想的是對的。

所以，花點時間找到那個小孩到底躲在哪裡，好好地與他對話並正面地處理你的問題。如果你可以從過去的傷痛中得到理解，那這種解脫感將會自動改變你面對家人的態度，並協助你創造出任何你想要的未來。

了解靈魂的鋪陳，就會知道家人只是你的平台。你在平台下所創造出來的傷痛往往是你的靈魂真心想要克服的。而你在現實生活裡想要的實相，往往是透過成為你的靈魂真正想要的樣子而得到的獎勵。只要以尊重且不傷害他人為前提，好好地思考如何讓自己成為更好的人，並努力地朝著這個方向前進的話，那你自然可以創造出你想要的未來。如果你不知道從哪裡開始著手，就從尋找內在小孩開始吧。Acknowledge 你所鋪陳的功課，你自然可以為自己的未來找到更明確的方向，通常那個答案就藏在你與家人的互動當中喔。

如何製造生命動力

對應頻道第 119 集

在與大家討論「如何創造出生命動力」以前，我想要跟大家分享一個小故事。我有個幾乎算得上是天生運動家的女兒，她無論學習什麼運動都比別人來得快一些，但唯一的缺點就是她總是覺得自己「不夠好」。因為相信自己不夠好的緣故，她自然也不會為自己爭取任何的機會，也常常因為這樣的心態而錯失了很多的機會。她曾經被選上了省排球隊，雖然這不是一個人人都能進入的球隊，但在入隊後，她還是總覺得自己不夠好，所以不會極力為自己爭取任何上場的機會。而且每每只要一上場就變得特別容易緊張，導致她大部份比賽的時候都坐在板凳上觀看。身為父母，我與先生總是不斷地鼓勵她看見自己的好，但她總覺得那都只是父母安慰子女的話。這樣的情況整整維持了兩年，我們完全沒有辦法讓女兒相信她自己的能力，更不用說讓她產生自我學習的動力。

這段期間，我們努力地想要教導她 Grit。Grit 這個字指的是一種可以讓你維持興趣，或是自發性地想要努力朝著遠大目標前進的動力，我們姑且把這個字翻譯為「生命的動力」。通常有 Grit 的人會無時不刻地想要突破自己，所以這個時代有很多的父母想要在小孩年輕的時候就教導他們 Grit，因為這樣的特質可以讓人在不需要他人督促的環境下，仍然想要朝著未來的方向前進。但教育哪是這麼簡單的事！我的女兒總是有滿滿的藉口來說服我和她身邊的人，她是多麼地不好……。漸漸地，連一開始對她充滿信心的教練和隊友們也像是被她說服了一樣。如果連她自己都不相信自己好，那麼別人又怎麼能夠看見她的好？身為父母的我們還是不斷地希望有一天能有某件事可以讓她意識到自己的好，並慢慢地激發她創造生命的動力。但說真的，無論我們再怎麼期待，我們能做的還是只有等待，遲遲沒有看到這件事發生。

而這個轉折點發生在她被選上省排球隊員的第二年年末。那年的季末總決賽，她不小心傷了腳踝，所以更是名正言順地坐在板凳上觀賽。或許是那一年大家的期望甚高的緣故，很多原本優秀的球員在球場上表現失常，竟然連基本的發球都做不好，再加上教練沒有換人上場的習慣，板凳上總坐著許多根本連上場機會都沒有的球員，場上的球員也因為沒有休息而顯得精疲力盡。那年的球賽想當然地是輸了，而我的女兒整整三天的賽程也只能坐在板凳上加油觀賽。原以為這個經驗會讓女兒放棄排球，卻沒有想到在回家的路上，她竟然問我：如何可以讓她的球技突飛猛進？對於一個用盡各種方法試著讓女兒產生 Grit 卻總是徒勞無功的我來說，她一句簡單的問句讓我喜悅得如同中樂透。或許是因為親眼見證到隊裡最優秀的球員連最基本的發球都發不好，讓她覺得自己就算再怎麼不好，也不會永遠無法改進。

之所以分享這個故事，是希望能夠讓大家清楚地了解 Grit 通常發生在人生的一個轉折點——在自我批判不夠好的情況下，突然察覺到自己似乎也有改進的空間，進而想讓自己變得更好。在這樣的情形下，人們往往不需要他人的督促，就會自動自發地想要讓自己進步。這個關鍵在於目標的建立／生成，透過那個目標讓你產生朝著那個方向前進的動力。坊間雖然有許多的課程以及父母希望能夠教導兒女這種動力，但生命動力的生成其實是要靠自己創造的，旁人就算說破了嘴，舉了上百個例子，也只能扮演支持者的角色，等待轉折點到來。

在現實生活中，上述的情境可以延伸到許多的層面。我們往往會因為前人的豐功偉業，又或者是眼前出現了表現傑出的人而不自覺地貶低自己的身價。我們不會去思考他們曾經做過多少努力，付出多少代價，而是單單地依照他們所呈現的現況來評斷自我的價值。這樣的思維侷限了我們的進步空間，因為我們開始相信，自己無論付出多少努力也永遠達不到那個人的好，產生自哀自憐的放棄心態。

我常跟兒女說：這個世界上沒有不夠好的人，只有練習不夠的人。相信自己不夠好而自暴自棄，永遠創造不出你想要的那個好，而再怎麼不好的人透過日以繼夜的練習也終究會達到那個好的標準。永遠會有人比你好，也永遠會有人比你不夠好。這世界上沒有人天生就是最棒的，往往是需要透過不斷的努力與練習來達到那樣的結果。就算你覺得對方可能什麼練習也沒有，但搞不好他曾經在幾世輪迴裡練習著相同的事，才達到這一輩子你所看到的成果。

你不能期望別人教會你 Grit 是什麼，而是必須透過自己去學習領悟。在那之前，先學會認清自己的腦子裡是否也有雷同的句子：相信自己不夠好、再怎麼努力都只是徒勞無功。只要你的內心一直有這樣的想法，那麼你就永遠沒有辦法為自己創造生命的動力。此外，你也必須先了解熟能生巧的道理才能領悟生命的動力。不要總是依賴別人來創造你的人生，以施捨的態度給予你想要的一切。若是能夠為自己創造出生命的動力，那麼這樣的動力便可以為你創造出任何你想要的未來。因為你將不會害怕任何的失敗，而是會透過一次又一次的練習，以及從失敗中重新站起來，去慢慢地達到你的目標。

所以你第一個要做的，是放棄自哀自憐的受害者思維，不要讓它成為你朝未來方向前進的絆腳石。**這個世界上永遠會有人比你好，也永遠會有人不如你，所以拿自己與他人做比較是浪費時間的事**。

再來，為自己設立明確的目標。你知道自己想要的好是什麼標準，那麼就堅定勇敢地朝這個方向去練習與努力。不要因為失敗就卻步，也不要因為跌倒就絕望。透過不斷地練習，一點一點地前進，總有一天你會達成你想要的標準。

Grit 的產生只需要一秒的時間，但這一秒就足以改變你的整個人生。每個人的生命中都有迫切想要的目標，而你是否願意為了這樣的目標全力以赴，則會決定這個生命動力的延續。這是只有你才可以為自己創造的事，也只有你可以讓自己做得更好，**在你放棄自哀自憐的當下，你的動力也會自然而然地生成**。當你開始把你的重心著重在「如何讓自己更好」的時候，你就一定會變得更好，到時候你會發現這個生命的動力其實是靠自己發動與延續的，根本不需要等待任何人來教你或是施捨你。

任何人都會經歷自我批判的時間，而 Grit 就是你開始轉念、想要有所改變的那個點／時刻。記得，人生很長，但轉念只有一瞬間。當你意識到你的人生決定在自己的手裡時，或許你就可以選擇讓那個瞬間更快發生，並且在朝著目標前進的路上，讓這樣的生命動力一直持續下去。

一隻蜂鳥的故事

對應頻道第 121 集

今天跟大家分享一隻蜂鳥的故事。這個故事源自於有一天我家的貓嘴裡含了個東西進門，並在經過我面前時剛好掉在地上，讓我有足夠的時間看到一隻虛弱的蜂鳥。在我還來不及反應時，我家的貓又叼起那隻蜂鳥準備離開，於是下一秒我就開始搶救蜂鳥大行動。在兩隻貓的圍攻下，我好不容易扒開貓嘴，把蜂鳥救了出來，但當下牠已奄奄一息，我只能隨手找個盒子把牠裝起來，然後急著打電話問老公該怎麼辦。沒想到老公的第一個反應竟然是叫我殺了牠？！對於像他這種從小在大自然長大的人來說，他覺得被貓咬的小鳥鐵定活不了，所以與其讓牠生不如死，倒不如讓牠死得痛快一點。

只不過我真的下不了手。我老覺得眼前的蜂鳥雖然奄奄一息，但求生意志倒是強烈。而且我不知道該怎麼殺死一隻鳥，也不希望自己成為斷送牠生命的原因。所以掛掉電話之後，我趕快上網去找一些照顧小鳥的方法，並把牠轉移到一個貓不會傷害到牠的容器裡。當時因為我急著要出門，所以想說在出門前先給牠做個靈療，這樣搞不好在我出門的時候牠可以安詳離去。

結果出門時我遇到隔壁的鄰居，因為他平時對花草樹木與鳥獸有研究，所以我便問他該如何處理這樣的情形。但沒想到他的反應竟然跟老公一模一樣，也是試著告訴我：被貓摧殘過的鳥是活不久的。他不認為我有辦法幫助那隻鳥，也覺得那隻鳥遲早會死，所以還建議我只要扭斷牠的脖子就好了。但我真的下不了手，也相信這隻鳥鐵定能夠活下來，所以決定暫時不理會他的建議去跟朋友吃飯了。我一心想著，要是回家時蜂鳥還活著的話，那我到時候再來想辦法好了。

吃飯的時候，正當我跟朋友提到這件事，剛好接到打掃阿姨的電話，說她們不知道該怎麼處理那隻在容器裡試著要飛走的鳥，所以我飯也沒吃地就跟朋友趕回家。只不過等我回到家，看到的是一隻精疲力盡的鳥，並不像打掃阿姨說的精力充沛。於是朋友又立馬上網尋求 Google 大神的協助。上面說，由於蜂鳥是需要高水份的鳥，所以一定要想辦法在四個小時內幫牠們補充水份。由於救下牠已經差不多有三個小時了，所以我們想盡辦法想把專餵蜂鳥的糖水餵給牠，但牠卻怎麼也不進食。所以我們只好又把牠換到一個更大的容器裡，想說如果牠又有精力的話搞不好需要可以活動翅膀的空間。如果把糖水放在一邊的話，也許牠渴了會自己去喝。

但是牠每次試著想飛，到最後都還是會掉進糖水裡，這讓牠的翅膀都黏黏的，看起來就像是被糖漿包裹的鳥一樣，我覺得自己非但沒有幫上忙，反倒讓這隻蜂鳥更生不如死。

就在這個時候又有另一對朋友進門來，看到這個情況後，建議我們試著用水噴牠，就像是模擬下雨一樣。由於我們什麼方法都試過了，所以只好死馬當活馬醫地孤注一擲。沒想到，牠竟然喜歡被水噴的感覺，嘴巴還會在我噴水的時候試著吸取水份，即便整隻鳥都濕得不成樣了，但牠還是很高興地吸吮著落在容器壁上的水份。然後牠就安靜地一動也不動，原以為牠是不是就這麼走了，但沒想到牠在那容器裡待了一個多小時，等到翅膀都乾了以後，就像是什麼事都沒有發生似地飛走了。在那個當下，我真的超級興奮！立馬傳簡訊告訴老公這件事，一直到晚上睡覺時都還因為自己救活了一隻鳥而感到興奮。我很慶幸自己沒有放棄牠，也盡可能地做了最大的努力。

之所以跟大家分享這個故事，主要是跟我這陣子的感覺有關。我的左腳有挺嚴重的濕疹，每每只要感受到自己在走一條艱辛又看不到未來的路時，這個特定的濕疹就會愈發地嚴重。也正因為這陣子的濕疹格外地嚴重，所以讓我不斷地思考自己到底正在走什麼艱辛又看不到未來的路。

正當我在懷疑自己這麼多年的努力究竟是為了什麼的時候，高靈們讓我在偶然的機會看到一則有關毛竹的影片。影片基本上是說毛竹在前四、五年的時間都只有三公分大小，但是等到第五年的時候，它就會以非常驚人的速度成長。很可能一個月長三十公分，然後很快地可以長到五十公尺的高度。在影片中的結論是：大部份的人都熬不過那三公分的時間就放棄了，根本等不到它竄到五十公尺。而這種毛竹之所以長很慢是因為前四、五年都在紮根。由於未來會長得很快，所以必須將根紮得穩才不容易倒塌。我雖然了解我的高等靈魂要我從這個影片裡接收的訊息，但是我不得不說：有些時候，人們在追求夢想的路上，雖然很努力地朝著自己的目標前進，但是路途上遇到那些不認同你的人會讓這條路走得愈來愈孤獨。這不禁讓人開始產生自我懷疑，甚至不能理解自己追逐這個夢想的目的是什麼。在看不到任何成果的狀況下，就更容易選擇放棄，猶如四、五年都一直維持三公分的毛竹一樣。

也就是在我質疑祂們的這一刻，我的高等靈魂又傳來了蜂鳥的訊息。雖然只是一隻蜂鳥的故事，但是卻可以讓我們運用在日常生活當中。在故事裡面，我相信這隻蜂鳥會活起來。或許沒有任何證據告訴我為什麼，就只是一廂情願地感覺牠會，這就像是你們相信自己的夢想，但卻沒有任何可以說服他人的依據。這個時候我的老公所代表的就像是你們身旁的人——在沒有任何證據佐證的情況之下，人們會用合理的（或是個人的）邏輯來推翻你的信念。於是這就會成為你邁向人生夢想的第一個關卡。

緊接著，我遇到的鄰居就代表你們身旁的「知識權威」。當你好不容易克服了萬難跨過第一個關卡的時候，你會開始遇到權威人士同樣質疑你的信念。這個時候，因為對方是權威的關係，你會很認真地開始質疑自己的信念是否正確，而產生放棄的念頭。於是，他們成了追求夢想的第二個關卡。

在蜂鳥故事裡，幫我 Google 的朋友就像是結合了權威與智慧結果的反抗聲音，雖然會讓你產生一絲絲的希望，但同樣也會讓你很認真地思考自己的決定是不是個很愚蠢的想法。我相信各位如果有在朝著自己的夢想前進的話，應該都會經歷過這最基本的三種反抗聲音，對嗎？先是家人朋友的反對，再來是專業人士的不認同，再來就是所謂的大數據，無一不證明你的夢想沒有成真的機會。

但在高等靈魂傳遞來的訊息裡，我學到了只要再堅持下去，即便所有的人都不了解我，我也一定會看到我想要的結果。所以我把這個故事分享給各位，因為我們人生中常常會經歷這樣的過程。當你在追求夢想的時候，常常會有很多反對的聲音抨擊你的理想與信念，更試圖說服你做的是件愚蠢的事，即便你的心告訴自己這是你應該做的，但卻還是很難不被眾人的聲音所說服。但我相信，你的高靈永遠都不斷地在給你訊息，雖然你在當下不一定能夠理解，但是祂們一定會想盡辦法讓你豁然開朗。所以你要做的，不是執著於上天給你任何的暗示，而是好好地面對每一個當下的決定，盡力做到最好。你所擁有以及可以改變的是每一個當下，而這每一個當下都會累積成為你未來的實相。**與其去思考未來會有多少的阻礙，倒不如專注在當下的阻礙就好**。即便每一個當下都只能讓你看到那麼一點點的成果，那都可以成為你繼續前進的動力。希望每個人在人生的路上都可以朝著自己的夢想努力地前進，雖然在這條路上可能會遇到層層的阻礙與質疑，但只要真心地追逐著內心的感覺，那麼不管結果是什麼，你們必然都可以得到想要的成長，這才是最重要的事喔。

自哀自憐症（想要富裕就不要哭窮）

對應頻道第 122 集

這陣子我發現一個廣泛的現象，我稱為「自哀自憐症」，希望透過這一篇內容讓各位可以提醒自己：我們是如何創造自己的實相。

創造自己實相的第一步，就是從自己口中說出來的話開始。我發現大部份的人身旁其實有許多美好的事物包圍著他們，但是他們說出口的第一句話就是抱怨。雖然人們總是說他們想要多麼美好的未來，但卻沒有發現他們口中的抱怨所透露的是他們內心真正的感覺。舉例來說，我的姊姊一家人很少出國，好不容易有機會全家一起到韓國玩了五天。全家人雖然在韓國玩得不亦樂乎，但是那種喜悅卻在一回國之後，因為姊夫不斷地抱怨一家人花了多少錢而大打折扣。

另一個例子是我老公重金招待他的母親去豪華遊輪旅行，旅行中因為朋友的關係使他們得到了不少的特別待遇，留下許多美好的記憶。但是才一回國，她就整個人陷入沒有人要她的自怨自艾當中，只因為我沒有去接機而抱怨我毀了她整趟旅程。

以上這兩個例子是希望讓各位可以退一步思考，自己是否也在做著同樣（或是類似）的事——偶爾想要對自己好一點，但之後又很快地陷入那種害怕沒錢的恐懼，又或者是覺得自己不值得的受害者思維當中。明明只是想要犒賞自己，但之後隨即陷入深層的罪惡感之中，這是我們很常陷入的矛盾：其實想要對自己好，但又不敢對自己好。雖然內心有渴望擁有的東西，但總是有辦法說服自己不值得，而去接受另一個完全不想要的東西。

宇宙底下的萬事萬物都是一種振動，一個人的思維和嘴巴所說出來的話也都會創造出振動，而這個振動會不斷地環繞在你的身旁，直到觸碰到類似的振動之後又會折射回來。在出國的時候，你可能花了五天的時間試著讓自己感受幸福，但是在五天之後卻又不斷地讓自己沈浸在我好可憐（好窮）的氛圍當中。你的自哀自憐不但讓這五天的幸福歸零，還不斷地對外散發著「我好可憐」的振動，讓你不斷吸引讓你覺得自己可憐的實相。了解這個原理的最好方法就是想像自己是個發送站，你對外發送的訊息會不斷地為你吸引來相同的振動。「我很窮」、「我沒人要」、「我不值得」……，不管你抱怨的是什麼，你每抱怨一次就會對宇宙發送一次這樣的訊息。重要的是，不管你有沒有說出口，你不斷重覆的句子在宇宙的眼裡看來，必定就是你想要的。

在這麼多年的諮詢經驗中，我發現人們最常有的矛盾就是：他們明明很想要有錢，但是內心卻不認為自己真的會有錢。明明希望有人愛，但內心並不相信自己值得被愛。可惜的是，**宇宙回應的不是你想要什麼，而是「你是什麼」**。因此，不相信自己有錢的人永遠賺不到錢，不相信自己值得被愛的人永遠等不到愛。**你的內在信念會創造你的實相，而你的言語正是反應出你的內在信念**。如果真的想要富裕的話，就不要一天到晚哭窮。因為這種行為本身就是一種振動，不斷地對宇宙發送不要讓你有錢的訊號。更不要只是滿腦子想要有錢，但言行舉止都讓自己成為一個匱乏的人。

不是每個人一出生就是富有的，也不是每個人天生就懂得欣賞一切。如果你今天真的渴望富有，那麼就從自己的言行舉止開始做起，注意自己是否有哭窮的行為與習慣，然後讓自己多花點時間去更正那些匱乏的行為，**去想像擁有富足應該是什麼樣的心境，讓生活中多一點可以讓自己感到富足的事**。但這個意思不是叫你沒錢裝闊地去活出虛偽的人生，而是讓自己對所有的言行舉止產生覺知，進而讓自己有改進的空間。富足的感覺不應該受到任何外在環境／物質的改變而有所影響。你可以做自己能力範圍以內的事，讓自己的生活充足也同樣是種富足的感受。專注在這種富足的感受以及創造更多那樣的感覺，宇宙才會回應你對應的實相。

如果希望有人愛，那麼就不要總是抱怨自己遇不到對的人。把時間專注在自己身上，**去思考被愛的感覺是什麼，思考如何可以從生命的各個層**

面創造出那種被愛的感覺。因為你會清楚地知道，你所說的每句話，所想的每件事都會成為創造你實相的主因。如果無法控制自己的腦子，那麼至少從控制自己的言行舉止開始。你所選擇的每一句話、每一個行為，都將代表你這個人會得到什麼實相。如果以這個方向去思考，你就會**對自己所說的每一句話更有責任感**，而那正是靈魂創造實相的基礎。

我的兒子小時候很喜歡約我去義大利。當時經費有限的我會回答：「好。等改天媽有錢的時候我們就去義大利吧。」這樣的回答總是讓兒子緊接一句：「好。等你快點有錢喔～」同樣是沒錢的狀態，但與其說「我們『沒錢』可以帶你去義大利」，這樣的回答反倒多贏來一個人的祝福，不是嗎？

如果每個人都可以從言行上開始產生覺知，並謹慎選擇自己的言行時，那麼它遲早會成為你熟能生巧的習慣。這時你就可以把它們運用在創造你的實相之上。你會把重心放在自己內心真正的感受之上，而不是把時間浪費在毫無意義的抱怨。因為你會清楚地知道你所選擇的每一個感覺，都是你對宇宙發送的訊號。當你的人生出現了某個你喜歡的瞬間，那就讓自己多花點時間去想像以及感受那個瞬間。而不是像一開始的例子一樣，一回到現實生活裡就完全被打回原形，讓「沒有人愛」的氛圍成為你身旁唯一的振動頻率。你向宇宙丟什麼訊息就會得到什麼回應。如果真的想要創造實相，那麼就從言行開始。你想要的不一定是你覺得的，所以至少先從讓自己的言行合一。想像今天從你的嘴巴裡所說出來的每一句話，都會成為你的實相，那麼你是否會更謹慎地選擇你的一言一行呢？

不要等到要離婚了，才思考你想成為什麼樣的人

對應頻道第 127 集

之前的文章裡有談到尋找自己內在的小我——你必須要鼓起勇氣去面對自己的恐懼，才有辦法找到內在小我，因為你的內在小孩往往隱藏在層層的恐懼之下。

我覺得每個人往內心探索的時候，都一定會需要去面對自己的恐懼。

就拿結婚很久的女性突然要面對離婚來舉例好了，由於長期將時間與精力投注在婚姻、家庭與小孩身上，使她們在面對離婚的判決時，往往會在剎那間失去生命的重心而變得不知所措。她們的人生不但頓時沒有任何的目標與方向，也不知道自己的下一步該怎麼走。當然，這件事不只發生在女性身上，有時候也會發生在男性身上。

我就很常遇到客戶來問我：「人生接下來該怎麼辦？」也許是金錢上、精神上、心理上都失去了支柱，他們會開始回頭質疑自己是否做錯了什麼事，又或者是做得不夠好，所以才會導致離婚。於是這種自卑的心理越來越嚴重，讓他們害怕重新走進社會，也不相信有任何人想要這樣的自己，等到走投無路了，這才來思考自己在這些年究竟變成什麼樣的人。

其實離婚的女性所經歷的這種不知所措感，和人們在面對自己內在問題時所感受到的恐懼是一樣的。人們在尋找內心的過程就猶如剝洋蔥一樣，需要透過層層的關卡來讓自己成為一個更堅強、有力的靈魂。只不過現實生活中的我們很常會因為責任、義務與壓力而使自己落入一種不會讓自己去思考要什麼、是什麼以及想要成為什麼的習慣。一旦落入這樣的習慣，我們就會更加脫離內在靈魂想要成為的模樣。如前面所說，這不只是發生在照顧家庭小孩的婦女，也適用在只知道賺錢養家的男性。

所以我想要建議各位，經常回過頭來反問自己：

「這是我要的模樣嗎？」

「如果今天一無所有的話，我還是那個我想要成為的人嗎？」

「我在做我想要做的事情嗎？」

「我是否正朝著我人生的方向前進？」

「即便我此時需要把時間與精力投注在責任與義務之上，但是偶爾的閒暇之際，我是否願意把時間留給自己？」

這個自我反省的過程不需要很長的時間，約莫五到十分鐘，你就可以思考自己是否正在創造出你想要的生活。一旦你開始往內心探索，朝著自己想要的方向前進時，這個結果其實是不會受到任何外在因素影響而改變的。也就是說，當你想要成為一個正直、有愛、懂得尊重的人，這個本質不會因為你有沒有老公、小孩而有所改變。如果我可以不斷地回來反省，並透過每天一點點的改進，那麼我終將成為我想要的樣子。

試著思考今天的言行舉止是否是自己想要的樣子，試著想像若是今日一無所有的話，又願意花多少時間、精力在自己身上，讓自己變得更好，而不是一味地將時間與精力投資在家庭上而忘了自己，雖然一心想要把別人照顧好，但卻忘了怎麼照顧好自己。不要等到什麼都沒有的時候，才驚覺什麼都沒有留給自己。你吃得健康嗎？有打理好自己嗎？害怕沒有錢的人是否有定期儲蓄的習慣呢？沒有成就感的人是否有為自己設立一個可以感受到成就感的平台呢？這些都是可以幫助大家思考，你是否有將時間投資在自己身上的句子。

所以，不管有沒有在婚姻中，都可以去思考：我是不是有把自己照顧好、打理好？如果沒有的話，是否願意每天投資五到十分鐘來想想自己如何改善現況，例如上什麼課、做什麼運動來照顧好這個身體呢？我不是要大家去思考自己總有一天會離婚，但有這樣的危機意識反倒可以讓自己有萬全的準備。未雨綢繆，而不是到事情發生了，才亂了手腳。人生的價值其實可以從你有覺知的時候就開始創造，不是只有處在婚姻裡的人才需要去思考這樣的問題，而是每個人都需要花點時間去深思反省。如果今天你真的一無所有了，你是否還是個可以讓自己覺得驕傲的人？是否還可以懂得欣賞自己？不管是什麼，人必須付諸行動改變，才可以看到你一直追求的未來喔。

負面思考如何影響每天的生活

對應頻道第 129 集

不知道大家有沒有感覺到負面思考是如何影響到我們的日常生活？特別是在身心靈的路上，人們似乎對於「負面」兩字特別敏感，常常會去注意哪個人很負面，或者是什麼事是負面的。我們習慣性地讓自己遠離所有負面的人事物，認為這是對我們的修行最好的結果，但卻常常忘了留意自己是否也同樣地負面。

我在之前的文章有跟大家提過靈性的第一步是覺知（Awareness），因為我們有所覺知之後才會想要去改變，要不然，你完全沒有理由去幫助一個不覺得自己有問題的人（包括你自己的在內）。所以，如果大家都覺得自己正走在靈修的路上，那麼你所要做的，不是一味地去注意到別人的缺點，而是回頭思考自己是不是也有任何的改善空間，進而著手去改變，這才能夠達到你們想要的進化，而不是一味地遠離你不喜歡的人事物。

這裡舉一個生活的小例子，讓大家了解該如何察覺自己生命中的負面情緒。我很不喜歡摺衣服，雖然在國外大多是用乾衣機烘乾衣服，省去了很多晾／收衣服的時間，但我還是很不喜歡摺衣服。或許是因為不喜歡的緣故，所以我很常抱怨這件事，又或者該說，我根本沒有意識到自己在抱怨這一件事。直到有一天，朋友來我家的時候注意到這一點，於是她開口問我，是天生出來就不喜歡摺衣服呢？還是有其它原因呢？因為突而其來的發問，讓向來覺得自己理所當然不喜歡摺衣服的我，第一次有機會去思考自己究竟從何時開始討厭摺衣服這件事。

我回想起自己在還沒有遇到老公以前，每周也都有洗衣服、摺衣服的習慣，但卻怎麼也不記得那時候的自己有多麼討厭這件事。直到認識老公之後，每每跟他一起摺衣服，他總是會摺一件抱怨一次，一直抱怨到把所有的衣服摺完為止。一開始我只注意到他怎麼連摺個衣服都這麼負面，到最後竟然沒有發現自己也因為受到他的影響而變得負面，讓原本對摺衣服這件事沒有任何感覺的我，也討厭起它了。於是我開始思考，如果摺衣服這件事沒有受到老公的影響，那我會有什麼反應呢？我極有可能會挑一部連續劇來看，讓我即便是面對著堆積如山的衣服，也能夠一邊追劇一邊摺而忘了時間，到最後還很有可能全部的衣服都摺好了，而我的電視劇還沒有告一個段落。因此，我發現自己對於摺衣服這件事根本沒有任何負面的情緒，我不喜歡的是一邊摺衣服一邊聽老公的抱怨。正因為我了解了問題點，所以自然有辦法去解決，而一開始那種只要一講到摺衣服就討厭的負面情緒也跟著消失。

與大家分享這個例子，是因為我想讓大家知道，我們常常讓自己沈浸在這樣的情境裡而沒有自覺。也就是說，我們往往很容易受到身旁負面情緒的影響，而漸漸地失去了感知。雖然在聽他們抱怨的時候，我們很清楚、也不斷地提醒自己不要變得像他們一樣，但是在不知不覺中卻沒有發覺自己變得跟他們一樣負面了。就好像你每天聽一個人抱怨他有多麼討厭吃某樣東西，慢慢地你很可能也會開始討厭起那樣東西。一旦兩人相處的時間愈長，你討厭那樣東西的程度也會相對地增加。

雖然在靈修的路上，我們很常注意到種種負面的情緒，但是真正影響到我們的，卻是生活中不勝枚舉、諸如此類的小瑣事。也因為我們沈浸在其中，被一點一滴地洗腦，而不自覺地改變了自己的感覺、觀念、想法與習慣而沒有自知。所以，如果你真的想要讓自己的靈魂有所進化，第一步要做的就是對自己產生覺知。我曾說過靈魂是條自私的旅程，整個輪迴的過程就只是為了幫助你這個靈魂得到成長罷了。在這樣的情況下，很多想法、觀念其實都只適用在你自己身上，而不適用在他人身上。因此，與其一味地想要改變他人的負面，你更應該做的是回頭思考自己是否有被環境影響，而不自覺地跟著變得負面。

雖然我們總是不斷地提醒自己要保持正向，但我也很常聽到人們抱怨，當自己愈是想要保持正向，就愈是沒有辦法做到。這是因為宇宙是一體兩面的。宇宙的能量是平衡的，如果你只是一味地想保持正向，卻沒有辦法去接受自己負面的行為，這跟一個不斷工作卻忘了休息的人，是一樣的道理。亞洲人喜歡說「物極必反」，也就是說過度的正向很可能會導致絕對負面的結果。所以與其一味地追求正向，不如思考自己是否有任何負面的想法，並對它們產生覺知。去質疑自己「為什麼」會有這種情緒的產生？該如何與之共處或者是去面對？那麼在試著尋找解決方法的過程中，你的負面情緒自然而然地會被你的行為中和掉。下次當同樣的情緒／情境再度出現時，你就會因為知道如何去處理它，而不會讓自己一直沈浸在那樣的負面思維當中喔。

你真正要尋找的其實只有一個真我

對應頻道第 134 集

無論是靈性課程或是任何宗教總會提倡人們去尋找自己的大我，並捨棄小我。通常大我指的是無私與大愛的自己，而小我則是自私與小愛的自己。然而，因為這樣的緣故，人們在現實生活裡總是會不斷地遇到大我與小我互相掙扎的矛盾。因為小我是理智邏輯所創造出來的產物，一直以來我們都是用小我在處理我們的生活以及喜怒哀樂。我們會哭、會笑，全都是由我們的小我陪我們一起渡過的。而今，因為靈修的關係，我們被告知：當別人打我們左臉的時候，我們還要奉上右臉讓他打？這不禁讓我們在學習與大我連結的時候感到滿腹的委屈。雖然大我是無私與大愛的，但是當我們一味地把愛奉獻給別人的時候，我們的小我所創造出來的感覺難道就不重要嗎？一味地追求大我時，小我會覺得不公平。而一味地聆聽小我的聲音，大我又覺得自己有很多改進的空間。但無論是大我還是小我，到頭來他們全都是你的一部份，不是嗎？

我在之前的文章提過，靈魂在投胎之後會具備三個要素。第一是小我（Ego），這個小我基本上是由你的邏輯、觀念、看法所組成，也等同是你的腦子（Mind）。因為邏輯是為了社會架構所建立的，所以一直以來你會需要依賴這樣的觀念來生存。結婚生子，成家立業，投資置產等等，這些都是由腦子裡的邏輯觀念告訴你必須去做的事。

接下來是大我，在此我把它比喻成你的靈魂（Soul）。通常人們在追求靈修的道路上都會被介紹大我，又或者是與大我相同意義的字眼（如靈魂導師、高等靈魂、天使、指導靈……等）。由於大我比喻的是你的靈魂，所以它的觀念不會受到你這一輩子的環境背景影響，而是對你整個靈魂有較全面的認知，包括你的前世今生、人生課題、生命藍圖安排等等。通常大我有較大的願景，不會受到腦袋邏輯的限制。

除此之外還有一個重要的存在叫「心」，它所掌控的是你的情緒。如我們所知，我們的情緒不完全是照著邏輯來感受的，有時候是單純建立在沒有辦法解釋的感官之上。

雖然投胎轉世讓我們具有靈魂、腦袋和心三個要件，但是大部份的人還是習慣依賴邏輯的觀念在過日子。我幾歲該結婚，該找什麼樣的工作，該有什麼樣的成就，該有什麼樣的另一半，這全都是由小我來告知的。而小我的所有認知全都是由你的生長環境和教育背景來決定的。這也是為什麼當人們一旦對靈性產生興趣的時候，就會被教育「大我」這個字。既然稱為「靈性」，自然是以靈魂的觀點去看待所有的事情。而大我可以被稱之為 Higher Self（高我），又或者是靈魂導師（Spirit Guide），也就是那個隨你輪迴數百次，了解前因後果，清楚你的課題、藍圖的靈魂本體。靈魂通常是以神性去觀看人生的，這很可能是它有時候會做出邏輯不喜歡的決定的原因。

所以如果你是一個對靈魂完全沒有概念，又習慣以邏輯過日子的人，那麼在被介紹「大我」時也不免會產生矛盾。就像是一個已經習慣自力更生的人突然有家長來管教了，但這個家長又總是空有理論而沒有實際的求生經驗，導致很難說服被管教的人。所以，如果你是個靈性新手的話，那麼我給你的建議是：試試看大我給你的建議吧！不要在沒有實際去嘗試以前就急著與祂爭辯，而是實際嘗試過後，你才可以回來給祂更有效的建議。此外，與其一味地聆聽大我的聲音，更好的方法是找到大我與小我都可以產生共識的平衡點。舉例來說：如果你今天受到他人言語的傷害，你的小我會想要用言語傷害回去，而你的大我會希望你去擁抱傷害你的人。所以在與大我協商的結果下，你可能不需要去擁抱傷害你的人，但你也不需要用言語去傷害那個人。讓自己養成大我與小我協商尋求共識的習慣，那麼通常只需要三到六個月左右的時間，這個習慣就會成為你下意識的反射動作，而你的大我與小我的協議時間也會愈來愈短。下次事件再發生的時候，你幾乎不需要協議，就可以直接對事件做出最好的反應與處理。

當你可以主導大我與小我的共識時，再加入心的元素。也就是當你在做任何決定的時候，可以反思這樣的行為是否可以滿足你的情緒。既然你的人生是由腦子、靈魂與心三個元素來組成，那麼就讓自己不斷地透過協商再協商來找到三個感官的共識。如果靈魂知道的全都是對的，那麼它當初就沒有投胎來體驗邏輯與感受的必要。雖然在靈修的道路上總是會被介紹大我的存在與重要性，但那並不表示只要是大我說的就全都是對的。畢竟靈魂思考的層面是神性，有些時候會因為看得太遠而忘記人們所感受到的人性。靈魂的理解與認知，需要透過身心的感受來讓這樣的體驗更真實、更實際。

此外，當人們開始接觸靈性的時候，總是想要很快地得到長進，急著想在很短的時間內學會掌控自己的身心靈。也因此容易讓人有手忙腳亂的感覺，但靈魂的成長本來就是一條循序漸進的路，任何事情都是急不來的。所以寧願一件事情、一件事情慢慢地學，也不要急著想要一次學會掌控所有的東西。先學會邏輯與大腦的協商後，再來考慮加入心的元素。先學會尊重，再加入力量，以此類推，不要讓自己為了靈修而陷入無法掌控的混亂當中。也不要因為做不好、犯了錯，而養成攻擊自己的習慣。犯錯是為了讓你成為更好的自己，而不是來打擊你的個人價值。就如同你不會期待一個剛出生的小孩就會跑步一樣，只要對自己有耐心一點，你終會達到你想要的結果。

希望透過這個分享讓各位知道，靈修的旅程會讓人誤以為我們有很多個我；比較好的你，又或是比較糟的你。但其實不管是哪一個我，都有其存在的重要性。你要做的不是一味地傾聽任何一方的話，而是學會讓他們彼此協商產生共識，做出身心靈都可以滿意的結果，那麼你就愈能夠找到最適合你人生的道路喔。

為什麼我們會感到如此無能為力？

對應頻道第 139 集

有一次跟老公出去吃飯的時候，他問：「妳認為，父母是我們自己選的？」由於我們兩個人都來自於不太容易的童年，所以要接受這樣的觀念其實是需要一點時間的。我的高等靈魂第一次跟我分享這個觀念之後，我就花了好幾年才慢慢地接受這個論點。如今，當我再被問到同樣的問題時，我幾乎可以很肯定地回答：「嗯，父母是我們自己選的。」

大部份的人都覺得，父母如果是自己選的，那理所當然地會選擇一對好的／善良的／有錢的／完美的父母，為什麼會有人選擇身心不健全／會虐待／貧窮又有暴力傾向的父母？這主要的原因在於你的父母並不是選擇來讓你過好日子的，而是希望以最快的速度創造出你的靈魂原本就有的優缺點，鋪陳你的人生課題，以及未來可以克服課題的平台。也因此，**你所選擇的父母會為你帶來兩件：一、你日後要處理的功課**，二、**可以幫助你達到人生目的的能力**。舉例來說，假設你的靈魂原本就有無能為力的感覺，那麼你就會選擇一對常常讓你感到無能為力的父母。然而這種無能為力的感覺會讓你在日後想要有所突破而強迫自己去做一些改變。到時候你的父母很可能會是你最好的練習對象，等到可以克服在他們面前那種無能為力的感覺而找到自己的力量時，你也同時完成了自己的人生目的。那個時候的你再回頭去看，你很可能會感謝父母當初的壓迫而造就今日的你，這便是你之所以選擇你的父母的原因。而你透過這輩子所學習到的力量與優點，將會一直隨著靈魂的進化而延續下去。

至於我們為什麼常常會覺得無能為力，那與我們生長的教育、背景、文化、環境……等等有很大的關係。無論是東方或西方國家，我們都被教育：有一個更大的權力在掌控著我們。無論是父母、師長、公司、社會、國家、更甚至是宗教、信仰等等。不管我們多麼努力，永遠都必須去面對不可抗、抑或是更強大的力量在主導著我們的人生。我們生活的品質總是決定於這些不可抗拒的外在因素，我們急欲想要改變人生的野心，總是會因為這些高權力的壓迫而不得伸展。這樣的制度間接地創造出「我什麼事都無法改變」的心態，也形成我們面對身旁所有事的都抱持著無能為力的態度。但這其實就跟我們完全沒有辦法決定自己的父母是同樣的心態，不是嗎？

也正因為什麼事情都無法改變，所以抱怨成了我們發洩情緒的唯一出口。只不過在抱怨的同時，我們也將主導自己生命的權力交付在他人的手上，由別人來決定我的快樂，由別人來影響我的哀傷。今天我的不快樂、不成功、不健康，全都是其他人（外在因素）害的。因為從小到大，我們一直讓自己處在「我不管再怎麼努力也不能改變什麼」的無能為力感中，就連我們看不到、摸不到的鬼／冤親債主／因果都有辦法來恐嚇以及影響我們的生活。我們諸事不順，鐵定是卡到陰。就連嫁到不好的老公、受到婆婆的虐待，全都是因為上輩子的因果報應。我們在不知不覺中把主導自己靈魂的所有權力全都交付到別人的手中。

這樣的思維讓一般人很難接受「父母是我們自己選的」，因為那代表著我們必須為自己的選擇負責。只不過今天大家可以換個角度來思考：對啊，為什麼你要選擇這樣的父母？從他們身上你得到了什麼樣的功課和優點，可以幫助你在這一生有所突破呢？在不好的婚姻裡，與其一味地抱怨遇人不淑，倒不如換個角度思考自己究竟為什麼會遇到這樣的另一半，是否有需要從中學習與克服的課題？兩個人之所以交集，必然是有可以讓彼此進步的功課要學習——我之所以做出這樣的選擇，必定是因為我的靈魂可以從中得到些什麼。靈魂不會愚蠢到選擇／安排一件對自己完全沒有收穫，就單純為了受苦的事來做，無論任何的處境都必然有它的原因存在。但這必須靠你去思考：自己可以從這樣的互動裡得到什麼，以及如何創造你想要的結果，慢慢地找出自己的靈魂做出這些選擇的原因。

我曾經說過：人生是一種選擇。學會從每一個事件裡面找到它之所以發生的原因和自己可以解決的方法，這都可以間接地將自己的力量拿回來。慢慢地，你就可以脫離那種無能為力的角色。無論好壞對錯都是自己的選擇。學會找到處理的方法，而不是允許自己沈浸在自哀自憐之中，那麼慢慢地你也會找回自己的力量，開始著手創造自己的人生，不再一味地將主導自己人生的力量交付到別人的手中。別人或許沒有辦法讓你快樂，但你可以去思考自己可以怎麼做才能感受到快樂。既然渴望幸福，那麼就去省思這樣的幸福該如何創造，而不是僅僅等待別人施捨你。

所以不要再讓這樣的環境背景來洗腦我們，說服自己有多麼的無能為力。人生永遠都有選擇，每一個選擇都可以決定不同的結果，而那樣的掌控權完全在自己的手裡。如果你還不知道如何拿回自主權的話，那我建議你從思考「父母是自己選的」開始。例如：為什麼選擇了你的父母？他們帶給你什麼樣的優缺點、課題與平台？現在的你是否喜歡這個平台所創造出來的優點呢？……思考這些問題，都會幫助你慢慢地找回自己的力量。

我們被教育這個世界上總是有人比我們強、比我們好、比我們有錢、比我們好看、比我們所有事，比我們更有力量……，導致我們不自覺地把所有的力量都給予了別人，而讓自己覺得無能為力。如果能夠換個角度思考，那你就會發現自己並沒有想像中那麼無能為力。能夠學會對自己的好壞選擇負責，便是拿回自主權的第一步。等到拿回自主權了，你就會發現人生中充滿著許多的選擇，無論是快樂、哀傷、憤怒、喜悅、成功、富足，其實完完全全都決定在你的手上喔。

我是誰以及我應該成為什麼？

對應頻道第 148 集

這其實對我來說是有點沈重的話題，特別是人們如果也像我這樣，為自己的人生努力了好一陣子卻遲遲看不到出口的話，你可能也會跟我有同樣的感受。有一天朋友跟我說了一句話：「你是一個很能夠激勵（Motivate）別人，但卻沒有辦法啟發（Inspire）別人的人。」這兩個字聽起來很像，也好像有同樣的道理，就連要朋友解釋兩者的區別，她也說不出一個所以然，但在表達自己的感覺上，她卻覺得這句話是她對我最真切的感受。

也因為她這一句話，讓我很認真地花時間思考自己是不是真的如她所說，只是一個可以激勵人，但卻沒有辦法啟發人的人。我開始努力地去分辨激勵與啟發的差別在哪、自己是否有被啟發過、激勵過？又是在什麼樣的情況底下被啟發與激發？以及什麼樣的句子、文字可以區別啟發與激勵的不同？又為什麼兩個極正面的詞句卻能夠創造出一句極負面的評價……

在很多人的眼裡，這是標準的世界第一沒事找事做的問題，但對我來說，我人生裡的種種領悟都是透過不斷地質問與印證所得來的。不過也是這樣的思考模式常常讓我顛覆自己的想法，把知道的變成不知道的，把好不容易建立起來的自信再度打掉重練。雖然知道自己遲早都會突破這個困境，但也難免陷入自我懷疑的矛盾當中。

在消化了一陣子後，我跟老公討論這個話題。他的回答是：「妳一定有啟發過人，因為當我第一次遇見你的時候，你的活力讓人也會不自覺地振奮起來。」我雖然不是很喜歡人們拿過去的我跟現在的我做比較，但是回想起剛出社會的我對這個社會有著滿滿的期待，在對什麼都躍躍欲試的情況下，我的確像是老公所形容的那般「活力十足」，常常在工作完之後還可以跟朋友玩到兩三點才回家。在他的眼裡，我年輕時的活力十足是一種啟發，但在我的眼裡，我卻覺得自己離啟發好遠。因為如果我真誠地喜歡我的生活，那我就不會不停地在換工作、朋友圈、生活模式。那個時候的我雖然活躍，但卻沒有活出真正的自己，只是很擅長做別人期望我做到的事，像是好的工作與收入、八面玲瓏的人際關係等等。雖然老公覺得那個時候的我比較好，但是我卻有著全然不同的感受，我覺得未來還有更多的可能在等著我。這樣的啟發是真實的嗎？

當然，老公也認為我去思考這個啟發與激勵的問題是庸人自擾，因為他覺得當一個人擁有了比別人好的生活條件時就應該學會知足才對。雖然他說的話也沒錯，但這不免讓我開始質疑，有多少人一旦適應了現狀就害怕再去改變？又有多少人一旦創造了舒適圈就很害怕再去突破？

我覺得每一個人對於自己的生命都有一種感知，就是知道自己好像應該做些什麼，而不是一事無成地順勢而流。一旦人們滿足於現況而沒有著手去做那些事的時候，他們的內心總是會有種焦慮感，也會讓他們的日子過得有點坐立不安。

這讓我很認真地去質疑這些年的靈學旅程，我是否正在追逐那樣的感覺，試著走出自己想要的樣子？因為愛鑽研的個性，所以我總是把任何的問題都一遍又一遍地測試，把以為知道的論點一再拿來重新考驗。也或許是因為自己的每一步都是踏實走來的，也幫助了我在這個過程裡可以坦然地面對所有外界的質疑與批判。因為這些分享或許不是宇宙的真理，但對我來說卻是最真實的體驗。

於是我再回頭思考自己是否喜歡現在的我。與過去的我相比，我的確更喜歡現在的我。或許是因為每一步都走得踏實，讓我覺得整個人是充實的。也或許是因為這些年勇敢地去面對種種的功課，讓我覺得此刻的我是無懼的。分享的時候不會覺得自己需要去引經論典，也不會害怕任何人的提問，因為我可以坦然地根據自己的體驗，真實地分享自己的感受。這不是閱讀來的，所以不需要去記得別人說什麼。不是裝懂的，所以不需要靠拗口華麗的詞彙來裝飾自己所學的。

但是即便如此，身旁還是有很多人不斷地批判我的所做所為。當我做免費的直播分享，人們笑我傻到不懂得市場行銷；當我試著在短短的諮詢時間裡把所有的答案都丟給客戶，人們笑我不懂得顧客回流。或者是當我一心想要與大家分享、毫不考慮有沒有回收成本，以及明明有靈媒的視角可以看見答案，卻一直以麻瓜的視角去分析給大家聽。這一路上，我做著自己相信對的事，卻讓身旁的人笑我傻、罵我笨。我早知道這不是一條簡單的路，所以總是不顧身旁的人再三地反對與批評，我還是任性地只想做自己覺得對的事。大部份的人被身旁的人澆冷水，就忍不住想要打退堂鼓了，但我這麼一再地堅持究竟是為了什麼呢？因為我常思考：如果連我都這麼快就放棄自己覺得對的事，那麼我又要如何去說服別人一定也可以達到他們的夢想呢？我又如何告訴自己的小孩，他們一定可以做到任何他們想做的事？

靈魂對自己的期許與夢想不是任何人可以理解的，有些時候能牽引著我們繼續前進的，其實就只是一種感覺，一種無憑無據的「對的」感覺。

沒有任何人有證據可以證明你是對的，也沒有人有那樣的經驗可以告訴你一定會成功，你僅有的就是一種摸也摸不到、看也看不到的「對的」感覺。這個時候如果身旁的人支持你，那當然是件很幸福的事。但大部份的情況下，我們所面對的是不理解也不諒解的聲音，正如陪著我一路走來卻還不能理解我的朋友一樣。我想，我難過的不是自己有沒有啟發到別人，而是這樣的句子竟是從我自以為了解我的朋友口中說出。

每一個人在尋找自己的路上都是孤獨的，但當你愈是找到自己的時候，內在的滿足感愈是難以言喻。所以當老公問我為什麼要做這種毫無利益的分享直播時，我唯一想到的是那個曾經希望有人能夠回答所有問題的自己，以及未來可能會跟我走上同樣道路的小孩。難得這一輩子我有這樣的感官可以幫助自己找到問題的答案，誰又能保證下一輩子我也能有這樣的能力來幫助自己呢？我所得到的真相或許不是大家的真相，但對我來說卻是最真實的。我經得起自己鬼打牆又鑽牛角尖的發問，也對得起自己凡事得要求證的好奇心。激勵或是啟發，根本都不是重點，而是我慢慢地活出了自己最想要的樣子。別人受不受我的啟發和激勵也根本不是我的問題，重要的是我每天都因為喜歡現在的樣子而激勵自己想要做到更多，這對我來說就是一種啟發。我的啟發（Inspiration）來自於喜歡自己的樣子，而我的激勵（Motivation）來自於想要讓這個樣子變得更好。

所以親愛的各位，人生的路上不是每一個人都會支持你們所做的事。有些時候你覺得自己在做對的事，很可能像我一樣得不到身旁的人的認同。但是你的人生應該由你自己來選擇，只要你覺得自己是在做對的事，就不要讓身旁的人來告訴你「你是錯的」。重點不應該在他們覺得如何，而是走在這條路上的你是否快樂。要活出自己想要的樣子真的需要很大的努力和勇氣。

如果你相信自己可以讓這個世界更好，即便不期待他人有所回報，也請你堅持下去。一點一滴地改變，也永遠比那些什麼事都不做，只會空談抱負的人來得好很多。至少在你無助的時候，請知道你不是一個人。我也曾經在同樣的路上自我懷疑過，即便我有異於常人的靈媒體質。所以當你躲起來哭的時候，請記得版主我也跟著你一起哭過。雖然大家還是覺得我在做很傻的事，但我還是會很努力地為我、我的小孩，還有你們，找到讓萬物重新連結在一起，讓這個世界更好的方法。這是我可以留給我的子女，也是給自己最好的禮物。

所以只要你能夠激勵自己去成為你想要的樣子，這就已經是最完美的啟發。全世界只有你最清楚你是誰，以及你應該成為什麼。剩下的，就留給那些不能理解你的人自己去理解與衡量吧。總有一天，他們也會見證到你的努力的。

靈媒媽媽的心靈解答書 3

處理自己的否定句

作者— Ruowen Huang
設計— 張巖
主編— 楊淑媚
校對— Ruowen Huang、楊淑媚
行銷企劃— 謝儀方

第五編輯部總監— 梁芳春
董事長— 趙政岷
出版者— 時報文化出版企業股份有限公司
108019 台北市和平西路三段二四〇號七樓
發行專線—（02）2306—6842
讀者服務專線—0800—231—705、（02）2304—7103
讀者服務傳真—（02）2304—6858
郵撥—19344724 時報文化出版公司
信箱—10899 臺北華江橋郵局第 99 信箱
時報悅讀網—http://www.readingtimes.com.tw
電子郵件信箱—yoho@readingtimes.com.tw
法律顧問— 理律法律事務所　陳長文律師、李念祖律師
印刷— 勁達印刷有限公司
初版一刷— 2022 年 3 月 18 日
初版二刷— 2022 年 3 月 31 日
定價— 新台幣 380 元

處理自己的否定句 /Ruowen Huang 作 . -- 初版 . -- 臺北市：
時報文化出版企業股份有限公司 , 2022.03　面；　公分
ISBN 978-626-335-072-4(平裝)
1.CST: 靈修 2.CST: 通靈術

192.1　　111001892

時報文化出版公司成立於一九七五年，並於一九九九年股票上櫃公開發行，
於二〇〇八年脫離中時集團非屬旺中，以「尊重智慧與創意的文化事業」為信念。